AF166163

Lucien de Samosate

L'HISTOIRE VÉRITABLE

suivi de
L'ICAROMÉNIPPE
et de
L'ÉLOGE DE LA MOUCHE

Traduction et introduction
par Eugène Talbot

LUCIEN, SA VIE ET SES ŒUVRES

Lucien naquit en Syrie, à Samosate, ville située sur les bords de l'Euphrate et capitale de la Comagène, petit royaume qui, après avoir conservé une ombre d'indépendance sous les premiers empereurs, devint province romaine au temps de Domitien. La date de sa naissance n'a pu être fixée avec précision. On la place avec vraisemblance vers les dernières années du règne d'Adrien ou les premières de celui d'Antonin le Pieux, de 137 à 140 après J.C. Le nom de son père, homme pauvre et obscur, est demeuré inconnu : toutefois, le savant Moïse Dusoul croit qu'il s'appelait Sévéranus[1].

Lorsque Lucien, au sortir des écoles publiques, fut en âge d'apprendre un métier ; son père le mit en apprentissage chez un oncle qui était statuaire[2]. Son début ne fut pas heureux ; il brisa la tablette de marbre qu'on lui avait donnée à tailler. Son oncle irrité, saisissant une courroie qui était à sa portée, lui infligea une correction qui l'initia au métier par des pleurs. Lucien s'enfuit en sanglotant auprès de sa mère, qui maudit mille fois la brutalité de son frère, consola son enfant et obtint de son mari qu'il ne soit plus envoyé à cette rude école. En effet, Lucien, entraîné vers les lettres par une vocation qu'il a rendue célèbre dans sa vision allégorique du *Songe,* embrassa d'abord la profession d'avocat et plaida dans les tribunaux d'Antioche. Mais à peine eut-il connu, suivant son propre aveu[3], tous les désagréments de ce métier, la fourberie, le mensonge, l'impudence, les cris, les luttes et mille autres choses encore, qu'il laissa là les procès et l'attirail de la chicane pour se tourner vers la rhétorique, et se mit à voyager. On voit par un passage intéressant de *la Double accusation*[4] qu'il réussit

---

[1] Voy. l'édition de Lucien de Th.Lehmann, t, IV, p.514.
[2] *Le Songe,* 1 et suivants.
[3] *Le Pêcheur ou les Ressuscités,* 29.
[4] *La Double accusation,* 27.

3

aussitôt dans cette nouvelle carrière, mieux faite pour son génie, et que, selon la promesse que lui en avait faite la Science[5], il gagna des sommes considérables[6] en appliquant son talent oratoire à des déclamations publiques, à des improvisations, dont la finesse et la gaieté divertissaient ses nombreux admirateurs. C'était alors le bon temps des sophistes[7]. «Ils annonçaient un discours, dit M. Boissonade[8], comme aujourd'hui un musicien voyageur annonce un concert, et les peuples accouraient de toutes parts pour les entendre et leur payer généreusement le plaisir qu'ils procuraient.» Lucien les imita, et commença ses pérégrinations en Ionie, en Achaïe, en Macédoine, en Italie et dans les Gaules, lisant ou récitant des opuscules du genre de ceux qui nous restent sous les titres d'*Harmonide, Zeuxis ou Antiochus, le Scythe ou le Proxène, Hérodote ou Aétion, Bacchus, l'Éloge de la mouche*, etc. Ce fut à cette époque qu'il se rendit à Athènes, afin de s'instruire dans les arts de la Grèce, et qu'il fit un séjour à Rome auprès du célèbre philosophe Nigrinus[9]. Devenu riche, et jouissant d'une grande réputation de rhéteur, il revint une seconde fois en Grèce, vécut à Athènes dans l'intimité de Démonax[10], assista au suicide fanatique de Pérégrinus[11], et entra dans la seconde phase de son talent, en commençant son rôle de philosophe et de satirique.

A l'en croire, c'est vers sa quinzième année[12] qu'il se sentit quelque penchant vers l'étude de la philosophie, mais il ne s'y livra sérieusement qu'à l'âge de quarante ans[13], c'est-à-dire à l'époque de la maturité pleine et parfaite de son esprit, et il produisit alors les œuvres qui l'ont immortalisé. Doué d'une intarissable gaieté, qui éclate en saillies fines et sensées, d'un rare esprit d'observation, d'une connais-

---

[5] *Le Songe*, 11.
[6] *Apologie pour ceux qui sont aux gages des grands*, 15.
[7] Voy. Philostrate, *Vies des sophistes*; Louis Crésol, *Theatrum veterum rhetorum*, etc.; et Belin de Ballu, *Hist. de l'éloquence chez les Grecs*.
[8] *Biographie universelle* de Michaud, art. Lucien.
[9] Voir l'opuscule de ce nom.
[10] *Ib.*
[11] *Ib.*
[12] *Hermotimus*, 54.
[13] *La Double accusation*, 32.

sance profonde du cœur humain et de ses faiblesses ; habile à manier l'ironie et la satire, Lucien ne charme pas seulement son lecteur par ce fond unique de qualités merveilleuses, il le captive par la beauté de sa diction, par le don qu'il a de peindre et d'animer les objets. Son style, pur et plein de goût, respire cet esprit de bon aloi, cette originalité nette et vive, cette véritable perfection attique, qu'on ne retrouve, avant lui, qu'aux plus beaux jours de la littérature grecque.

On comprend que des œuvres aussi brillantes aient attiré sur lui non seulement les regards bienveillants du public, mais l'immense renommée dont il vint se glorifier à Samosate dans un âge déjà avancé[14]. Il ne paraît point, toutefois, avoir séjourné longtemps dans sa ville natale. Il recommença ses voyages à travers la Cappadoce et la Paphlagonie, accompagné de son vieux père et des personnes de sa famille[15], jusqu'au moment où il fut chargé d'un emploi administratif en Égypte par Marc Aurèle ou par Commode. On ne sait pas au juste quel était cet emploi. Quelques biographes croient qu'il s'agit d'une charge de procurateur, d'autres pensent que Lucien fut simplement greffier en chef du préfet impérial. Voici ce qu'en dit Lucien lui-même[16] : « J'ai à gouverner une partie considérable de la province d'Égypte ; il me faut instruire les procès, établir l'ordre dans lequel ils doivent être appelés, tenir des registres exacts de tout ce qui se dit et de tout ce qui se fait, contenir les orateurs dans les bornes de la convenance, observer, de la manière la plus précise, les décrets de l'empereur dans toute leur intégrité, et veiller à la publicité et à la durée de leur exécution. » Ce passage, d'ailleurs si formel et si propre à faire cesser les doutes, n'a cependant pas convaincu, à ce qu'il paraît, tous les commentateurs de Lucien, puisque Dusoul ne pense pas que l'élu de l'empereur soit arrivé jusqu'en Égypte. Il faut alors en rester sur cette question aux simples conjectures, ainsi qu'on est forcé de le faire relativement à la mort de Lucien, que Suidas attribue aux morsures des chiens, et Bourdelot à une attaque de goutte. Cette dernière

---

[14] Voy. la fin du *Songe* et *l'Eloge de la patrie*.
[15] Voy. *Alexandre ou le faux prophète*, 56.
[16] *Apologie*, etc., 12.

tradition est la plus vraisemblable. Suivant M. Boissonade[17] le poème burlesque de Lucien en l'honneur de la goutte donne lieu de croire qu'il était sujet à cette maladie. Il se plaisait à chanter son ennemie, comme cet Agrippinus Pasonius, dont parle Stobée, qui s'amusait à faire l'éloge de tous les maux qui lui arrivaient : éloge de la fièvre, quand il était pris de la fièvre ; éloge de l'infamie, quand il était noté d'infamie ; éloge de l'exil, quand il était exilé. Quelle que soit, du reste, la version qu'on adopte, il est certain que notre auteur mourut très vieux, à quatre-vingt ou quatre-vingt-dix ans, grossissant ainsi de son nom la liste des exemples de longévité qu'il avait dressée pour son ami Quintilius.

Aucun passage des œuvres de Lucien n'indique qu'il se soit marié : on croit pourtant qu'il eut un fils ; mais on aurait tort, sur la foi de Bourdelot, de confondre ce fils unique de Lucien avec un certain Lucien, sophiste de renom sous Julien l'Apostat, et auquel cet empereur adresse une de ses lettres. De cette esquisse biographique passons maintenant à celle de notre auteur, envisagé sous les formes multiples où s'est produit son admirable talent. Il est bien difficile de déterminer à quelle école, à quelle secte se rattachent, je n'ose pas dire les convictions, mais les sympathies philosophiques de Lucien. C'est le propre de la raillerie et du doute de laisser l'esprit se balancer dans une fluctuation et dans une mobilité continuelles. Comment alors exiger une doctrine solide et fixe du douteur et du railleur par excellence ? Il y aurait cependant quelque injustice à l'accuser d'un pyrrhonisme absolu. Son bon sens, qui lui fait découvrir le vide des différents systèmes, et signaler les écueils où vont tour à tour se briser l'Académie, le Lycée et le Portique, l'avertit, en même temps, qu'il y a certains principes incontestables, certaines vérités positives, sur lesquelles s'appuie toute critique, et même toute négation. Aussi, dans la spéculation, me semble-t-il se rapprocher de Platon et d'Épicure ; dans la pratique, de Diogène et de Zénon. Sa profession de foi sous ce rapport est nette et explicite. Si je ne m'abuse sur le sens d'un passage du traité intitulé *Hermotimus*, il me semble que Lucien, loin de

---

[17] *Biographie universelle*, article déjà cité.

se renfermer dans le scepticisme exclusif, qu'il est de tradition de lui reprocher, déclare avec une sincérité parfaite qu'il est sérieusement en quête de la vérité philosophique[18] :

« Hermotimus.

—Tu prétends donc, Lycinus, que nous ne devons pas philosopher, mais qu'il faut nous laisser aller à la paresse et vivre comme le vulgaire ?

Lycinus.

—Et quand m'as-tu entendu tenir un semblable langage ? Je ne prétends pas que nous devions renoncer à la philosophie. Voici ce que je dis : nous voulons philosopher ; il y a plusieurs routes ; chacune d'elles a la prétention de conduire à la philosophie et à la vertu ; la véritable est inconnue ; il faut donc faire son choix avec prudence. »

Et plus loin[19] :

« Lycinus.

—La raison te dit qu'il ne suffit pas de voir et de parcourir nous-mêmes toutes les sectes, afin d'être à portée de choisir la meilleure, mais qu'il faut encore une chose essentielle.

Hermotimus.

—Laquelle ?

Lycinus.

—Une critique, mon cher, une méthode d'examen, un esprit pénétrant, un jugement juste et impartial, tels qu'il en faut pour prononcer sur de semblables matières ; autrement, c'est en vain que nous aurons tout vu. Il est donc nécessaire, ajoute la raison, d'employer à cet examen un temps considérable, de nous placer tout sous les yeux, et de ne faire notre choix qu'après avoir beaucoup hésité, balancé, examiné, sans égard pour l'âge, l'extérieur, la réputation de sagesse de ceux qui parlent, mais comme font les juges de l'Aréopage, où les procès n'ont lieu que la nuit, dans les ténèbres ; afin que l'on ne considère pas les orateurs, mais leurs discours : alors seulement il te sera permis, après un choix solide, de philosopher. »

---

[18] *Hermotimus*, 52.
[19] *Ib.* 64.

Ce ne sont pas là, selon moi, les paroles d'un sceptique endurci et intolérant; ce sont plutôt celles d'un éclectique judicieux et sincère. Socrate et Descartes n'ont pas suivi d'autre voie, quand ils se sont proposé d'arriver par le doute à la découverte du vrai.

L'impartialité de ce même éclectisme se manifeste d'une manière encore plus significative dans un passage du *Pêcheur*[20], où Lucien répond à la Philosophie qui lui demande quel métier il exerce :

«Je fais métier, dit-il, de haïr la forfanterie, le charlatanisme, le mensonge, l'orgueil et toute l'engeance des hommes infectés de ces vices. Ils sont nombreux, comme tu sais.

La Philosophie.

— Par Hercule! C'est un métier qui expose beaucoup à la haine. Lucien. Tu as raison. Aussi, tu vois que des gens me haïssent, et à quels périls ce métier m'expose. Cependant, je connais aussi parfaitement la profession opposée, c'est-à-dire celle dont l'amour est le principe. J'aime, en effet, la vérité, la probité, la simplicité, et tout ce qui est aimable de sa nature. Mais je trouve peu de gens avec qui je puisse exercer ce talent. Au contraire, le nombre de ceux qui sont dans l'autre camp, et dignes de haine, dépasse cinquante mille; de sorte que je cours risque d'oublier le second métier, vu la rareté des occasions, et de devenir trop fort dans l'autre.

La Philosophie.

— C'est ce qu'il ne faut pas; car, comme l'on dit, aimer et haïr sont deux sentiments du même cœur; ne les sépare donc point. Ils ne font qu'un seul art, tout en paraissant en faire deux.

Lucien.

— Tu le sais mieux que moi, Philosophie. Telle est cependant mon humeur, que je hais les méchants, tandis que j'aime et loue les gens de bien.»

Je ne puis me décider à voir dans l'homme qui a écrit ces lignes honnêtes et sensées un railleur systématique, résolu à ne regarder que le côté ridicule et misérable des pensées comme des actions humaines.

---

[20] *Le Pêcheur ou les Ressuscités*, 20.

Un fait capital, dont on doit également tenir compte, pour bien apprécier l'esprit philosophique de Lucien, c'est l'état où se trouvait le monde païen au IIe et au IIIe siècle de notre ère. La vieille société tombait en ruine : on ne croyait plus aux divinités de l'Olympe, et la philosophie n'était plus assez respectée ni assez respectable pour suppléer à la religion. Les mœurs publiques, que commençaient à peine à régénérer dans quelques parties de l'empire, les doctrines réparatrices et vivifiantes du christianisme, étaient arrivées au dernier période de dissolution et d'impudeur. Vieillards sans dignité, effrontés chercheurs d'héritages, foule tout à la fois superstitieuse et incrédule, flatteurs et parasites vendant leur liberté pour une place à la table des riches, rhéteurs ignorants et bavards, puis, par-dessus tout, une masse d'esprits flottants, irrésolus, livrés à l'indifférence, cette maladie mortelle des époques où manquent l'émulation vertueuse, le désir généreux de bien faire et la fermeté des convictions, tel était le monde qui s'étalait sous le regard observateur de Lucien.

Quels philosophes pouvaient produire cette société abâtardie, dégénérée, sans cœur, sans foi, sans esprit ? Voltaire, ce Lucien des temps modernes, va nous le dire[21] : « Quels étaient les philosophes que Lucien livrait à la risée publique ? C'était la lie du genre humain ; c'étaient des gueux incapables d'une profession utile, des gens ressemblant parfaitement au Pauvre diable dont on nous a fait une description aussi vraie que comique, qui ne savent s'ils porteront la livrée ou s'ils feront l'Almanach de l'Année merveilleuse, s'ils travailleront à un journal ou aux grands chemins ; s'ils se feront soldats ou prêtres, et qui, en attendant, vont dans les cafés dire leur avis sur la pièce nouvelle, sur Dieu, sur l'être en général, et sur les modes de l'être ; puis vous empruntent de l'argent, et vont faire un libelle contre vous avec l'avocat Marchand, ou le nommé Chaudon, ou le nommé Bonneval. » C'est ainsi que Voltaire, l'œil sur son siècle, juge les philosophes contemporains de Lucien ; mais la peinture que Lucien lui-même nous en trace dans *l'Icaroménippe*[22] est encore plus vive et plus piquante.

---

[21] *Dict. philosophique*, art. Philosophie.
[22] *Icaroménippe*, 29 et suivants. Cf. le *Pêcheur*, 30 et suivants.

«Il existe, dit-il, une espèce d'hommes qui, depuis quelque temps, monte à la surface de la société, engeance paresseuse, querelleuse, vaniteuse, irascible, gourmande, extravagante, enflée d'orgueil, gonflée d'insolence, et, pour parler avec Homère,

De la terre inutile fardeau.

Ces hommes se sont formés en différents groupes, ont inventé je ne sais combien de labyrinthes de paroles, et s'appellent stoïciens, académiciens, épicuriens, péripatéticiens et autres dénominations encore plus ridicules. Alors, se drapant dans le manteau respectable de la vertu, le sourcil relevé, la barbe longue, ils s'en vont, déguisant l'infamie de leurs mœurs sous un extérieur composé, semblables à ces comparses de tragédie dont le masque et la robe dorée, une fois enlevés, laissent à nu un être misérable, un avorton chétif, qu'on paie sept drachmes pour la représentation. Cependant, tels qu'ils sont, ils méprisent tous les hommes, débitent mille sornettes sur les dieux, s'entourent de jeunes gens faciles à duper, déclament, d'un ton tragique, des lieux communs sur la vertu, et enseignent l'art des raisonnements sans issue. En présence de leurs disciples, ils élèvent jusqu'aux cieux la tempérance et le courage, ravalent la richesse et le plaisir ; mais, dès qu'ils sont seuls et livrés à eux-mêmes, qui pourrait dire leur gourmandise, leur lubricité, leur avidité à lécher la crasse des oboles ? Ce qu'il y a de plus révoltant, c'est que, ne contribuant en rien au bien public ou particulier, inutiles et superflus,

Nuls au milieu des camps et nuls dans les conseils,

ils osent, malgré cela, blâmer la conduite des autres, entassent je ne sais quels discours amers, ne songent qu'à rédiger des insolences, censurent et invectivent contre tout ce qui est autour d'eux. Chez eux, la parole est accordée au plus braillard, au plus impudent, au plus éhonté dans ses outrages.»

Voilà quels étaient du temps de Lucien les maîtres du peuple, les propagateurs de l'instruction morale et religieuse ! N'était-ce pas rendre service à la société que de les flétrir d'un stigmate public, et ne doit-on pas excuser Lucien d'avoir enveloppé parfois la véritable philosophie dans la proscription dont il frappait l'hypocrisie et l'impudence !

Mais ce n'était point assez de cette tourbe effrontée qui décriait et avilissait l'esprit humain. Une phalange audacieuse de magiciens, de devins, de sorciers, de joueurs de gobelets, de tireurs d'horoscope, de diseurs de bonne aventure, de fabricants d'onguents, d'oracles, de talismans et d'amulettes, exploitait la foule toujours avide du merveilleux et du surnaturel, et d'autant plus crédule que la ruse est plus grossière. De toutes parts, on s'empressait autour de ces thaumaturges, auxquels on prodiguait l'admiration, l'argent et les honneurs divins. Lucien, fidèle à son rôle, ne manque pas de démasquer ces fourbes sans vergogne et sans mœurs, ces menteurs effrontés, dont il a retracé le type dans la vie d'Alexandre d'Abonotichos, et de railler avec son bon sens ordinaire leurs pratiques superstitieuses et leurs scandales privés dans le *Menteur*, dans *Lucius* et dans le traité *Sur la déesse syrienne*.

Grâce aux liens étroits qui, chez les anciens, unissaient la philosophie à la religion, on ne peut guère séparer dans Lucien les doctrines philosophiques des croyances païennes. Là, je l'avoue, son scepticisme est radical et complet. Moqueur impitoyable, il a tout l'entrain bouffon, toute la verve sarcastique d'Aristophane ; et personne, après l'auteur des *Nuées*, de *la Paix* et des *Grenouilles*, n'a versé plus de ridicule sur toutes ces légendes mythologiques, que Cicéron traitait de contes de bonnes femmes et que réprouve la plus simple raison. Pas une divinité n'est épargnée : toutes passent sous le fouet de sa gaieté irrévérencieuse. Véritablement athée, au sens de l'orthodoxie païenne, il ne craint ni Jupiter ni son tonnerre, ni le Tartare ni les peines réservées à l'impiété. Les enfers ne sont pour lui qu'un théâtre, une salle de spectacle, où il fait agir et parler les personnages dont son imagination a ranimé les cadavres : l'Olympe est une scène burlesque, où s'agitent les marionnettes divines, dont il tire les fils et dirige les mouvements au gré de sa raillerie capricieuse et fantasque.

Je ne cherche point à dissimuler qu'en immolant le polythéisme aux témérités de son imperturbable raison, déguisée en imagination libre et folle, il a travaillé à la ruine de la religion de son pays et de son siècle, et entraîné vers l'incrédulité les esprits séduits par ses ironies bouffonnes. Mais je n'ai point, en raison même de cet effet produit par ses railleries, le courage de le condamner, vu qu'il frayait ainsi la voie à la religion du Christ ; et je ne suis pas plus sévère que les premiers chrétiens, qui, en faveur des bonnes plaisanteries qu'il avait dirigées contre les dieux et les pratiques du paganisme, lui pardonnèrent son indifférence et ne s'interdirent point la lecture de ses écrits[23]. Il y a plus : je ne puis douter qu'il n'ait forgé les armes dont se sont servis, pour saper à leur tour les bases du polythéisme, non seulement le satirique Hermias et le poète Prudence, mais les Pères de l'Église grecque et latine.

Les chrétiens ont donc pu le considérer moins comme un de leurs ennemis que comme un de leurs alliés et de leurs auxiliaires ; mais fut-il apostat, ainsi que certains auteurs l'ont prétendu ? Après avoir été initié aux dogmes de la religion nouvelle, l'a-t-il abandonnée, pour se donner ensuite le plaisir impie de la tourner en ridicule ? Non, dirons-nous avec Reitz, Gesner, Lehmann, et les plus habiles commentateurs du philosophe grec. Lucien n'est point absolument étranger à la religion chrétienne. J'avoue, pour ne rien dire du *Philopatris*, dialogue dont l'authenticité est fort douteuse, qu'il parle des chrétiens dans son *Alexandre*, qu'il les loue et les blâme tour à tour dans son *Pérégrinus* ; mais ce qu'il en dit prouve qu'il les confond avec les Juifs, ou qu'il n'a qu'une connaissance très imparfaite de leurs pratiques et de leurs croyances : si bien que cette question d'apostasie reste au moins équivoque, si elle n'est complètement reléguée parmi les faits controuvés.

Ce qui cesse d'être contestable, c'est la sagacité de Lucien, la pénétration de son coup d'œil, la vivacité de sa dialectique, la justesse merveilleuse de son esprit comme satirique et comme moraliste ; qualités brillantes et solides sur lesquelles se fondent ses titres les plus légitimes à l'admiration sans cesse renouvelée de la postérité.

---

[23] Cette réflexion est de Letronne.

En effet, il y a telle de ses satires qu'on croirait écrite d'hier, et les modèles qu'il s'est choisis vivent réellement sous nos yeux.

Tous les âges lui appartiennent par ce droit de conquête que le bon sens, servi par les dons de l'esprit, s'arroge avec justice sur l'orgueil et sur la sottise ; apanage éternel, empire sans bornes et sans fin. Mais, pour ne pas sortir du siècle où Lucien a vécu, tous les hommes sont égaux devant l'inflexible rigueur de la loi morale, au nom de laquelle il attaque les vices, fronde les abus, renverse les préjugés de son temps. Morgue des parvenus, vanité des souverains, calculs misérables ou hypocrites des besogneux et des flatteurs, passion sordide des avares, turpitudes des débauchés, prétentions pédantesques des faux érudits, manèges des courtisanes, il flagelle tout de sa lanière sanglante, et il marque ses victimes, pour employer une de ses expressions, d'un fer chaud, dont l'empreinte est un renard ou un singe[24]. Nulle part il ne déploie autant d'énergie native et de verve originale. Le cadre même qu'il adopte pour donner aux hommes d'utiles et durables leçons est une création qui lui appartient en propre. Il y sait unir, suivant la re- marque d'un critique judicieux[25], quelque chose du génie de Platon et quelque chose aussi de la pétulance des anciens comiques, en un mot, il fait du dialogue un genre littéraire à part, nul de ses imitateurs, y compris Fénelon, Fontenelle et Voltaire, n'a pu devenir son égal.

Il n'est pas sans intérêt d'apprendre de Lucien lui-même[26] par quels procédés de l'esprit il a su fondre de la sorte en un drame plaisant et satirique la comédie d'Eupolis et d'Aristophane et les conversa- tions familières de Platon et de Xénophon. « Dans le principe, dit- il, il n'y avait ni rapport ni amitié entre le Dialogue et la Comédie. L'un, relégué au logis ou borné à des promenades avec quelques intimes, n'étendait pas plus loin ses entretiens ; l'autre, tout entière à Bacchus, vivait en plein théâtre, s'ébattait, faisait rire, lançait des traits piquants, marchait au son de la flûte, et parfois, se donnant car- rière dans des vers anapestiques, elle s'amusait aux dépens des amis

---

[24] *Le Pêcheur ou les Ressuscités*, 46.
[25] Alexis Pierron, *Hist. de la litt. grecque*, chap. XLV.
[26] *Tu es un Prométhée dans tes discours*, 6. Cf. *Zeuxis ou Antiochus*, 1 et 2.

du Dialogue, les appelant songeurs, pourchasseurs d'idées en l'air et autres choses semblables, et paraissant n'avoir d'autre but que de les tourner en ridicule et d'abuser contre eux de la liberté bachique. Ainsi, elle les représentait tantôt marchant dans les airs et habitant avec les Nuées, tantôt mesurant avec soin le saut d'une puce, pour dire qu'ils divaguaient dans la région des vapeurs. Mais le Dialogue ne tenait que de graves entretiens, des discours philosophiques sur la nature et sur la vertu; si bien qu'il y avait entre la Comédie et lui la différence qui existe en musique entre le son le plus grave de la première octave et le plus aigu de la seconde. Nous, cependant, nous avons osé rapprocher deux genres tout à fait éloignés et accorder des choses tellement discordantes, qu'elles ne semblaient susceptibles d'aucun lien commun.»

Et ailleurs il fait dire au Dialogue[27] :

«Jusqu'ici j'étais plein de gravité, toujours en contemplation devant les dieux, la nature et les révolutions de l'univers; marchant en l'air au milieu des régions qui avoisinent les nuages, à l'endroit où roule dans les cieux le char ailé du grand Jupiter, je touchais à la voûte céleste, je m'élançais au-dessus même du ciel, lorsque ce Syrien, me tirant par la jambe et me brisant les ailes, me réduisit à la condition commune. Il m'arracha mon masque tragique et majestueux, et m'en appliqua un autre comique, satyrique et presque ridicule. Bientôt il réunit et enferma chez moi la plaisanterie mordante, l'ïambe, le cynisme, Eupolis et Aristophane, gens experts dans l'art de railler ce que chacun respecte de bafouer ce qu'il y a de plus honnête. Enfin, il a été déterrer je ne sais quel Ménippe, un cynique du temps passé, un aboyeur, armé de dents acérées s'il en fut, et il a lâché à travers moi ce véritable chien, animal redoutable, qui mord sans en avoir l'air et d'autant mieux qu'il mord en riant. Comment ne me croirais-je pas indignement outragé, quand on m'enlève mon ancien et véritable costume, pour me forcer à jouer des comédies, des parades, des farces étranges? Oui, ce qui me révolte le plus, c'est le singulier mélange dont je suis composé: je ne suis plus ni prose ni vers, mais, semblable

---

[27] *La double accusation,* 33.

à un hippocentaure, j'ai l'air aux yeux de ceux qui m'écoutent d'un monstre bizarre, d'un spectre de l'autre monde.»

A quoi Lucien répond[28] :

«Je ne m'attendais pas, juges, à soutenir devant vous ce débat, et j'espérais entendre le Dialogue vous dire de moi tout autre chose. Quand je l'ai pris jadis, il paraissait à la plupart des gens maussade et desséché par de fréquentes interrogations ; elles lui donnaient, je le veux bien, une physionomie vénérable, mais peu gracieuse et tout à fait désagréable au public. J'ai commencé à lui apprendre à marcher par terre à la façon des hommes ; j'ai lavé la crasse dont il était couvert, et, en le forçant à sourire, je l'ai rendu plus agréable aux spectateurs. Mais surtout je l'ai associé à la Comédie, et, par cette alliance, je lui ai concilié la bienveillance des auditeurs, qui jusque-là craignaient les épines dont il était armé, et n'osaient pas plus y toucher qu'à un hérisson. Je sais bien ce qui le contrarie énormément, c'est que je ne m'assieds pas auprès de lui pour discuter en détail ces subtilités pleines de finesse : si l'âme est immortelle ; combien Dieu, en faisant le monde, a versé de cotyles de la substance sans mélange et toujours identique dans le creuset où s'élaborait l'univers ; si la rhétorique est l'image d'une portion de la politique, dont la flatterie compose le quart. En effet, il aime à disserter sur ces minuties, comme ceux qui ont la gale se plaisent à se gratter ; ces méditations le charment, et il est tout fier quand on dit qu'il n'appartient pas à tout le monde de voir ce qu'il aperçoit distinctement au sujet des idées. Voilà ce qu'il réclame de moi ; il cherche partout ses ailes et regarde en l'air, tandis qu'il ne voit pas ce qui est à ses pieds. Je ne crois pas, pour le reste, qu'il ait à se plaindre de moi ; par exemple, qu'en lui ôtant son habit grec, je lui en aie mis un barbare, quoique je paraisse barbare moi-même ; car j'aurais été injuste, si j'avais ainsi violé les lois qui le protègent, et si je l'avais dépouillé de son vêtement national.»

Il nous semble impossible de mieux caractériser le talent de Lucien qu'il ne l'a fait lui-même dans les lignes qui précèdent ; et, quant à ce qu'il dit de sa fidélité à conserver au Dialogue sa physionomie pri-

---

[28] *La double accusation*, 34.

mitive, c'est-à-dire l'élégance et l'atticisme des maîtres du genre, c'est un éloge auquel il a droit sans conteste. On trouve, en effet, chez lui, joints à la justesse excellente de la pensée, le mérite d'une expression puisée aux meilleures sources, et l'imitation des meilleurs modèles, rendue neuve par une puissante originalité. Chez lui la forme de la phrase, l'arrangement des mots, disposés d'après les habitudes de style des bons auteurs du siècle de Périclès, conservent toujours à l'idée sa clarté et sa transparence. Traite-t-il d'objets sérieux, Lucien sait être grave; veut-il plaisanter et rire, il trouve les mots les plus piquants et les tours les plus agréables; s'agit-il d'avertir, de conseiller ou de mordre, il rencontre sans peine les termes les plus sages, les plus persuasifs ou les plus caustiques. Il excelle à égayer par la naïveté de quelques proverbes populaires la force de ses raisonnements et la rigueur de ses preuves; il cite avec un à-propos merveilleux, et une érudition qu'on peut dire inépuisable, des vers d'Homère, de Théognis, d'Hésiode, d'Euripide, de Pindare, des réflexions empruntées à Xénophon, à Thucydide, à Hérodote, à Démosthène et à Platon. Enfin il semble, ainsi que le fait observer un de ses éditeurs[29], un Protée qui prend toutes les formes, un caméléon qui se colore de toutes les nuances du discours : tant est variée la finesse de son pinceau; tant il excelle, comme les abeilles, à composer le miel de ses écrits des fleurs les plus diverses et les plus parfumées.

Il ne faut pourtant pas croire qu'il ne se trouve mêlé à ce miel une bonne dose d'absinthe et d'amertume. Je ne m'aveugle pas sur les défauts de Lucien. La raison exagérée, qui dépasse le but au lieu de l'atteindre, ne me plaît pas plus que la déraison. Or, Lucien excède souvent la mesure : alors les teintes de son style, libre jusqu'à la licence, ont parfois cette crudité triviale de ton qui nous choque dans Rabelais. Ce n'est pas toujours de sel attique qu'il assaisonne ses épigrammes, mais parfois, et notamment dans le *Pseudologiste*, ainsi que dans l'opuscule *Contre un ignorant bibliomane*, ses plaisanteries sont grossières, obscènes, tout imprégnées de fiel et d'insolence. Je le dis volontiers, s'il n'eût écrit que de la sorte, Lucien, comme le curé de

---

[29] J. Bénédict.

Meudon dans ses passages orduriers, n'aurait été, pour parler avec La Bruyère, que le charme de la canaille. Heureusement ces endroits sont rares ; il va plus souvent encore que l'auteur de *Pantagruel* à l'exquis et à l'excellent, et il ne cesse guère d'être ainsi le mets des plus délicats.

Ce sont ces qualités éminentes qui semblent donner à Lucien le droit de se faire, à son tour, maître en l'art d'écrire, et d'enseigner, soit au moyen de la critique et du persiflage, soit par des conseils dogmatiques et précis, les principes de la saine littérature et les préceptes du bon goût. Il a tracé d'une main ferme, judicieuse et élégante, les règles de la composition historique dans un traité que n'ont surpassé ni Fénelon, ni d'Aguesseau, ni Saint-Evremond, ni Voltaire, ni l'abbé Mably. Son *Maître de Rhétorique*, en tournant en ridicule l'éloquence fardée, ampoulée, frelatée des mauvais rhéteurs de son époque, ne manque pas de montrer par voie d'opposition en quoi consiste l'éloquence véritable et naturelle, celle qui vient du cœur et ravit la sympathie d'un auditoire.

Il termine son *Lexiphane* par des réflexions pleines de justesse et de bon sens sur les moyens de se perfectionner le goût et le style[30]. « Si tu veux, dit-il, mériter de sincères éloges pour tes écrits et te faire bien venir du public, fuis tout cet attirail de mots et prends-le en dégoût. Commence par les bons poètes : quand tu les auras lus sous la direction de tes maîtres, passe aux orateurs, et nourris-toi de leur style ; il sera temps alors d'arriver aux œuvres de Thucydide et de Platon, après t'être exercé par la lecture de l'aimable comédie et de la sévère tragédie. Lorsque tu auras cueilli comme autant de fleurs toutes les beautés de ces ouvrages, tu seras quelque chose dans l'éloquence ; mais aujourd'hui tu ressembles, sans le vouloir, à ces vases que les potiers fabriquent pour le marché : au dehors, tu es peint en rouge et en bleu ; au dedans, tu n'es qu'une argile cassante. Si tu suis mes avis, si tu veux accepter quelque temps le reproche d'ignorance, et si tu n'as pas honte de recommencer ton éducation, tu pourras, en toute assurance, t'adresser à la multitude ; on ne te rira plus au nez,

---

[30] *Lexiphane*, 21 et 22.

comme aujourd'hui, et tu ne seras plus la fable des gens instruits qui, par moquerie, te nomment grec et attique, lorsque tu ne mérites pas même d'être mis au rang des barbares lettrés. Avant tout, retiens bien ceci. N'imite pas les mauvais exemples des sophistes qui nous ont précédés depuis peu ; ne te repais point, comme tu le fais, de leurs inepties ; au contraire, fais-en litière, et rivalise avec les anciens modèles. Ne te laisse pas charmer par les fleurs passagères du langage ; mais, à la manière des athlètes, fais usage d'une nourriture solide ; surtout sacrifie aux grâces et à la clarté. »

Je crois inutile d'insister sur le *Pseudosophiste* de Lucien, traité technique plus grammatical que littéraire ; mais il me semble, si je ne me fais illusion, qu'en suivant exactement les conseils qu'il donnait à ceux de ses contemporains jaloux de pratiquer l'art de bien écrire, nul d'entre eux ne devait désespérer d'atteindre à un talent qu'il a lui-même porté jusqu'à la perfection.

Peut-être s'étonnera-t-on que Lucien, si fin appréciateur des beautés mâles ou délicates de la littérature attique, ne fasse dans ses ouvrages aucune mention de la littérature latine, qui cependant avait produit ses chefs d'œuvre au moment où il écrivait. Mais, suivant une remarque que nous avons entendu faire au savant M. Le Clerc, l'éducation et l'instruction de Lucien est toute orientale et toute grecque : le monde de l'Occident n'existe point pour lui. Quoiqu'il ait voyagé en Italie, quoiqu'il ait vu Rome, dont il offre une peinture si curieuse dans son *Nigrinus*, il paraît n'avoir emporté de ses excursions dans les contrées occidentales que le plus souverain mépris de tout ce qui a rapport aux œuvres littéraires de cette région de l'empire. C'est un fait qui, du reste, n'est point isolé, ni particulier à Lucien, Denys d'Halicarnasse, qui, dans la partie historique de ses écrits, se montre si versé dans les antiquités romaines, semble, dans la partie littéraire, croire que les Romains n'ont jamais eu d'historien, de poète ni d'orateur. On aurait donc tort d'imputer à une absence de goût ce qui n'est, selon nous, qu'un excès d'amour-propre national poussé jusqu'à l'injustice, ou bien une lacune dans une éducation d'ailleurs polie et vraiment achevée.

L'esquisse que nous traçons du talent souple et divers de notre auteur serait incomplète, si nous omettions de parler du goût éclairé de Lucien pour les beaux-arts, et surtout de ses connaissances dans la peinture et dans la statuaire. Si notre traduction n'a point trahi ses idées, si elle a reflété, comme un miroir fidèle, les tableaux qu'il a reproduits ou dessinés de génie avec une netteté si parfaite de crayon, un éclat si brillant et une fraîcheur si vive de coloris, nos lecteurs ne nous accuseront point d'une admiration outrée, lorsque nous ferons observer que Lucien est un des connaisseurs, pour ne pas dire un des artistes, les plus distingués de l'antiquité. Où trouver rien de plus ravissant que l'analyse de la toile qui représente la centauresse de Zeuxis[31] ; rien de plus gracieux, de plus suave que l'image des noces de Roxane et d'Alexandre[32] ? Le portrait de cette Panthéa[33], que les uns croient la maîtresse de Lucius Vérus, et d'autres Lucilla, femme de Marc Aurèle, ne révèle-t-il pas une étude approfondie, une observation minutieuse des plus belles œuvres qu'aient produites les grands peintres et les grands sculpteurs de la Grèce ? Le tableau allégorique qui termine le traité intitulé *Sur ceux qui sont aux gages des grands*, celui qui est placé au commencement du traité *De la délation*, ne sont-ils pas des morceaux achevés dans leur genre ? Quant aux passages si riches et si justes d'observation, où Lucien, peintre luimême, nous représente le paon étalant le printemps de ses plumes au milieu d'une prairie émaillée de fleurs[34], ou bien la mouche se jouant dans un rayon de soleil[35], nous ne voyons que notre Buffon qui puisse lui disputer la palme. Joignons à cette science de toutes les branches qui composent les arts pittoresques ou plastiques, une connaissance exacte de l'architecture, un sentiment plus que théorique de la mélodie et de l'harmonie, et nous dirons, sans craindre de nous tromper, que jamais écrivain n'a eu le bonheur de pouvoir mettre autant de ressources artistiques au service de son style, ni d'animer son expression de nuances plus variées, d'images plus vraies et plus séduisantes.

---

[31] Voy. le morceau intitulé *Zeuxis ou Antiochus*, 2.
[32] Voy. *Hérodote ou Aétion.*
[33] Voy. *Portraits* et *Pour les portraits.*
[34] *Sur un appartement*, 11.
[35] *Éloge de la mouche*, 1 et suivants.

Avec un esprit aussi merveilleusement doué, une organisation aussi complète, une intelligence aussi étendue, Lucien ne manque-t-il pas de cœur et de sensibilité? C'est une question qui a été quelquefois posée et débattue. Nous ne voulons point la passer sous silence. On ne peut disconvenir que le métier de satirique et de moqueur ne donne aux facultés morales de celui qui l'exerce une direction, un tour particulier, qui l'éloigne de l'émotion et de la sympathie, pour le rapprocher de la froideur et de la sécheresse. A le prendre d'une manière absolue, La Bruyère a raison quand il dit que le plaisir de la critique nous ôte celui d'être vivement touché de très belles choses. Mais ce penchant de l'esprit à ne voir que le méchant côté des objets et des hommes, cette humeur qui s'irrite de tout ce qui est faux et de tout ce qui est mal, cette passion de l'ordre moral ou littéraire poussée jusqu'au despotisme et à l'intolérance, cette aptitude enfin à rencontrer des termes piquants, des formes incisives, des comparaisons pittoresques et ingénieuses pour mettre en saillie les ridicules et les travers, n'est point incompatible avec une sensibilité vraie et profonde. Je mets hors de cause Virgile, Racine et Molière, cœurs aimants, natures délicates, qui cependant ont été, au besoin, de terribles railleurs. Mais, pour ne considérer que les moqueurs de profession, Aristophane, Horace, Régnier, Boileau et Voltaire ne laissent-ils pas échapper parfois à travers leurs pointes amères, leurs ironies caustiques, leurs mots cruels, des traits de sentiment exquis, des expressions propres à une âme capable d'être émue et attendrie? Il en est de même de Lucien. On trouve dans le *Toxaris* des passages pleins de charme et de délicatesse sur l'amitié, le dévouement, l'abnégation, le sacrifice personnel, tous sentiments qu'on ne peut bien exprimer que pour en avoir compris ou éprouvé la douce et vivifiante chaleur. Il se montre dans le *Nigrinus* touché jusqu'aux larmes par l'éloquence honnête et persuasive de ce sage philosophe. Dans l'*Éloge de Démosthène*, il rend un magnifique hommage au talent et au patriotisme du plus grand orateur de l'antiquité et du plus grand citoyen d'Athènes. Un écrivain qui prête à Antipater, à Philippe, à Démosthène lui-même, les généreuses paroles, le langage noble, passionné, dramatique, que Lucien leur met dans la bouche, n'a pas seulement de l'esprit, de la verve moqueuse, il a de l'âme : ce n'est pas un rhéteur, un sophiste qui parle, c'est un homme généreux et convaincu.

Telle est, sauf erreur, l'idée que nous nous sommes faite de Lucien, après en avoir étudié les écrits et le caractère ; tel est le philosophe et l'écrivain que nous avons entrepris de traduire, avec son air original, ses qualités et ses défauts : tâche attrayante, mais d'une exécution difficile, qui nous a coûté un travail long et continu, dont nous livrons aujourd'hui le fruit à l'appréciation indulgente de nos lecteurs.

Pour le texte, nous avons eu sous les yeux les éditions complètes les plus autorisées, notamment celles de J. Th. Lehmann, de G. Dindorf, de Ch. Jacobitz et d'Imm. Bekker[36]. Nous n'avons pas négligé cependant les éditions partielles données par les philologues dont on trouvera les noms dans le catalogue du libraire Klinscksieck, rédigé par Wilhelm Engelmann[37], et nous nous sommes également servi pour quelques traités et pour les dialogues classiques des éditions de MM. Quicherat, Pessonneaux, Paret et Dübner.

Quant à la traduction, nous avons mis à profit celles qui ont précédé la nôtre, c'est-à-dire les versions de Perrot d'Ablancourt et de Belin de Ballu[38]. Elles sont trop connues pour que nous en portions

---

[36] Voici les titres complets de ces ouvrages : *Luciani Samosatensis Opera*, græce et latine post Tiberium Hemsterhusium et Joh. Fredericum Reitzium denuo castigata, etc., edidit Johannes Theophilus Lehmann, Lipsiæ, 1822-1831, 9 vol. in-8. On y tronve résumés tous les travaux de la philologie moderne sur Lucien. — *Luciani Samosatensis Opera*, ex recensione Guilielmi Dindorf, græce et latine cum indicibus, Paris, Firmin Didot, 1840, 1 vol. In-4. — *Luciani Samosatensis Opera*, ex recognitione Caroli Iacobitz, Lipsiæ, 1853, 3 vol. in-12. *Luciani Samosatensis Opera*, ex recognitione Immanuel Bekker, Leipsig. 18153, 2 vol. In-8. — Mentionnons également l'édition Tauchnitz, sans nom de réviseur, mais remarquable par les arguments qui précèdent chaque morceau, Leipsig, 1829, 4 vol. in-16.
[37] Leipsig, 1847, p. 134 et suivantes.
[38] Voici la désignation exacte des traductions complètes de Lucien : *Lucien*, traduit par Filbert Bretin, imprimé par Abel l'Angelier, Paris, 1582, in-fol. — *Œuvres de Lucien*, traduites par J. Baudoin, Paris, 1613, in-4. — Les *Dialogues et autres œuvres de Lucien*, traduits du grec en françois avec des remarques par Nic. Perrot Fr. d'Ablancourt, Paris, Augustin Courbé, 1654, 2 vol. in-4. — La même, 1674, in-8. — La même, Amsterdam, 1683, in-8. — La même, Paris, 1707, 3 vol, In-12. — *Œuvres de Lucien traduites en françois* par l'abbé Massieu, Paris, 1784 et 1787, 6 vol. in-8. Belin de Ballu en a fait une critique judicieuse et une censure

ici un jugement, qui ne serait qu'une redite. Nous ferons seulement observer que la belle infidèle de d'Ablancourt, datant de 1654, a nécessairement perdu à travers les âges ce caractère de beauté qu'on se plaisait à lui reconnaître, et qu'il ne lui reste plus guère que la dernière des deux qualités, par lesquelles Ménage l'avait spirituellement désignée. Belin de Ballu est infiniment supérieur à son modèle. Quoique sa traduction ait paru en 1789, elle n'a point trop vieilli. Cependant le système qu'il a suivi s'écarte encore beaucoup de celui que les maîtres du genre nous ont depuis fait connaître[39] : il ne serre jamais le texte d'assez près ; il atténue fréquemment l'expression énergique, le tour hardi de l'auteur grec ; il en éteint le feu ; il en ralentit l'allure vive et dégagée ; il va jusqu'à lui donner un air solennel et quelque peu guindé dans des passages dont le mérite est le jet soudain de la pensée, la rapidité du mouvement, l'agilité du mot, la prestesse de la réplique. Aussi, bien que nous l'ayons toujours eu devant nous, nous avons plus souvent évité de le suivre qu'essayé de marcher constamment sur ses traces. En outre, les travaux de la critique et de la philologie ont fait de tels progrès depuis Belin de Ballu, que le texte d'après lequel il a travaillé est bien loin de valoir pour la pureté, la correction, l'heureuse introduction de judicieuses variantes, celui que nous ont fourni Lehmann et les éditeurs allemands. Nous avons donc trouvé des ressources qui lui manquaient ; seulement cette heureuse fortune

---

des plus méritées dans sa préface et dans quelques-unes de ses notes. *Œuvres de Lucien traduites du grec, avec des remarques historiques et critiques sur le texte de cet auteur, et la collation de six manuscrits de la Bibliothèque du roi*, par Belin de Ballu, Paris, 1789, 6 vol. in-8. Belin de Ballu n'a traduit ni le *Lexiphane* ni le *Pseudosophiste*, que nous donnons en français pour la première fois.

[39] « Le système de traduction qui prévaut aujourd'hui, dit M. Artaud dans la préface de sa traduction de Sophocle, consiste il se tenir le plus près possible du texte : à tâcher de le reproduire exactement, avec ses qualités comme avec ses défauts ; à conserver la physionomie de l'original, autant du moins que le comporte le génie de notre langue... Il est une tentation assez fréquente, à laquelle le traducteur est forcé de résister, c'est d'adoucir quelques nuances trop heurtées, d'atténuer la brutalité de certains sentiments qui choquent nos habitudes et nos idées modernes. Il doit se tenir en garde contre ce penchant, sous peine de substituer une image de convention à une image fidèle. Il n'est pas chargé de corriger son auteur et de le rendre irréprochable, ni de le travestir à la mode changeante des convenances locales. »

nous a imposé le devoir de faire mieux que lui. Nous l'avons essayé, heureux si notre ambition n'est point déçue, et si nous avons rendu quelque service aux lettres grecques, en offrant au public sous une forme nouvelle les saillies toujours neuves, le bon sens toujours actuel, la physionomie toujours jeune de l'inimitable Lucien !

EUGÈNE TALBOT

L'HISTOIRE VÉRITABLE

LIVRE PREMIER[40]

1. Les athlètes et ceux qui s'exercent le corps ne se préoccupent pas exclusivement d'entretenir leurs forces naturelles, ils ne songent pas toujours aux travaux du gymnase ; mais ils ont leurs heures de relâche, et ils regardent ce repos comme une très bonne part de leurs exercices. Je crois qu'à leur exemple il convient aux hommes qui s'appliquent à l'étude des lettres, de donner quelque relâche à leur esprit, après de longues heures consacrées à des lectures sérieuses, et de le rendre par là plus vif à reprendre ses travaux.

2. Toutefois, ce repos ne leur sera profitable que s'ils s'appliquent à lire des œuvres qui ne les charment pas uniquement par un tour spirituel et une agréable simplicité, mais où l'on trouve la science jointe à l'imagination, comme on les reconnaîtra, je l'espère, dans ce livre. En effet, ce n'est pas seulement par la singularité du sujet ni

---

[40] Voir, pour cet opuscule, la préface mise par P. L. Courier, en tête de sa traduction de la *Luciade*. Pour le côté traditionnel de cette piquante fantaisie de Lucien, on peut lire le *Speculum* de Vincent de Beauvais, livre IV ; le *Reductorium morale Bibliorum* de Berchovius ou *Berthorius liber correctus* per C. W., civem Argentinensem, 1474 ; les *Traditions tératologiques* de Berger de Xivrey ; *le Monde enchanté* de Ferdinand Denis ; notre *Essai sur la légende d'Alexandre le Grand*, au chapitre intitulé *Merveilles du désert*, p. 149 et suivantes. Herder apprécie le côté sérieux de ces légendes dans ses *Idées sur l'humanité*, t. II, p. 512 et suivantes de la traduction d'Edgar Quinet. Voy. aussi G. Cuvier, *Discours sur les révolutions du globe*, p. 107 et suivantes de l'édition Didot. Quant aux ouvrages imités de celui de Lucien, ou qui doivent en être rapprochés, nous citerons particulièrement Rabelais, *Pantagruel* ; Cyrano de Bergerac, *Voyage dans la lune* ; Campanella, *Cité du soleil* ; Thomas More, *Utopie ;* Swift, *Voyages de Gulliver* ; Holberg, *Voyage souterrain de Niel Klim*. La meilleure édition de ce dernier ouvrage a pour titre intégral : *Nicolai Klimii Iter subterraneum, novam telluris theoriam ac historiam quintae monarchiae adhuc nobis incognitae exhibens e bibliotheca B. Abelini* ; edit. quarta auctior et emendatior. Hafniae et Lipsiae, sumptibus Frid. Christian Pelt, 1766. Elle est fort rare. Il serait à souhaiter qu'on fît une bonne traduction française de ce livre ingénieux.

par l'agrément de l'idée qu'il devra plaire ; ni même parce que nous y avons répandu des fictions sous une apparence de probabilité et de vraisemblance ; mais parce que chaque trait de l'histoire fait allusion d'une manière comique à quelques-uns des anciens poètes, historiens ou philosophes, qui ont écrit des récits extraordinaires et fabuleux. J'aurais pu vous citer leurs noms, si vous ne deviez pas facilement les reconnaître à la lecture.

3. Ctésias de Cnide, fils de Ctésiochus, a écrit sur les Indiens et sur leur pays des choses qu'il n'a ni vues ni entendues de la bouche de personne[41]. Jambule a raconté des faits incroyables sur tout ce qui se rencontre dans l'Océan[42] ; il est évident pour tous que cette œuvre n'est qu'une fiction, c'est cependant une composition qui ne manque pas de charmes. Beaucoup d'autres encore ont choisi de semblables sujets : ils racontent, comme des faits personnels, soit des aventures, soit des voyages, où ils font la description d'animaux énormes, d'hommes pleins de cruauté ou vivant d'une façon étrange. L'auteur et le maître de toutes ces impertinences est l'Ulysse d'Homère, qui raconte chez Alcinoüs l'histoire de l'esclavage des vents, d'hommes qui n'ont qu'un œil, qui vivent de chair crue, et dont les mœurs sont tout à fait sauvages ; puis viennent les monstres à plusieurs têtes, la métamorphose des compagnons d'Ulysse opérée au moyen de certains philtres, et mille autres merveilles qu'il débite aux bons Phéaciens[43].

4. Pourtant, quand j'ai lu ces différents auteurs, je ne leur ai pas fait un trop grand crime de leurs mensonges, surtout en voyant que c'était une habitude familière même à ceux qui font profession de philosophie ; et ce qui m'a toujours étonné, c'est qu'ils se sont imaginé qu'en écrivant des fictions, la fausseté de leurs récits échapperait

---

[41] Voy. les Fragments de Ctésias, dans l'édition d'Hérodote de Didot, p. 79 et suivantes, Cf. Vossius, *Historiens gr.*, édition Westermann, p. 51 et suivantes ; Tzetzès, *Chiliades*, VII, 244, v. 644 ; Aulu-Gelle, *Nuits attiques*, IX, IV.

[42] Sur Jambule, consultez Vossius, p. 457.

[43] Voy. *l'Odyssée*, à partir du chant IX.

aux lecteurs. Moi-même, cependant, entraîné par le désir de laisser un nom à la postérité, et ne voulant pas être le seul qui n'usât pas de la liberté de feindre, j'ai résolu, n'ayant rien de vrai à raconter, vu qu'il ne m'est arrivé aucune aventure digne d'intérêt, de me rabattre sur un mensonge beaucoup plus raisonnable que ceux des autres. Car n'y aurait-il dans mon livre, pour toute vérité, que l'aveu de mon mensonge ; il me semble que j'échapperais au reproche adressé par moi aux autres narrateurs, en convenant que je ne dis pas un seul mot de vrai. Je vais donc raconter des faits que je n'ai pas vus, des aventures qui ne me sont pas arrivées et que je ne tiens de personne ; j'y ajoute des choses qui n'existent nullement, et qui ne peuvent pas être : il faut donc que les lecteurs n'en croient absolument rien.

5. Parti un jour des colonnes d'Hercule, et porté vers l'Océan occidental, je fus poussé au large par un vent favorable. La cause et l'intention de mon voyage étaient une vaine curiosité et le désir de voir du nouveau : je voulais, en outre, savoir quelle est la limite de l'Océan, quels sont les hommes qui en habitent le rivage opposé. Dans ce dessein, j'embarquai de nombreuses provisions de bouche et une quantité d'eau suffisante ; je m'associai cinquante jeunes gens de mon âge, ayant le même projet que moi : je m'étais muni d'un grand nombre d'armes, j'avais engagé, par une forte somme, un pilote à nous servir de guide, et j'avais fait appareiller notre navire, qui était un vaisseau marchand, de manière à résister à une longue et violente traversée.

6. Pendant un jour et une nuit, nous eûmes un bon vent, qui nous laissa en vue de la terre, sans nous emporter trop au large. Mais le lendemain, au lever du soleil, la brise devint plus forte, les flots grossirent, l'obscurité nous enveloppa, et il ne fut plus possible d'amener les voiles. Forcés de céder et de nous abandonner aux vents, nous fûmes battus par la tempête durant soixante-dix-neuf jours ; mais le quatre-vingtième, au lever du soleil, nous aperçûmes, à une petite distance, une île élevée, couverte d'arbres, et contre laquelle les flots allaient doucement se briser. Nous nous dirigeons vers le rivage,

nous débarquons, et, comme il arrive à des gens qui viennent d'être violemment éprouvés, nous nous étendons pendant longtemps sur la terre. Enfin nous nous levons ; nous en choisissons trente d'entre nous pour garder le navire, et je prends les vingt autres avec moi pour aller faire une reconnaissance dans l'île.

7. Parvenus, au travers de la forêt, à la distance d'environ trois stades de la mer, nous voyons une colonne d'airain portant une inscription en caractères grecs difficiles à lire, à demi effacés et disant : «Jusque-là sont venus Hercule et Bacchus[44].» Près de là, sur une roche, était l'empreinte de deux pieds, l'une d'un arpent, l'autre plus petite : je jugeai que la petite était celle du pied de Bacchus, et l'autre d'Hercule[45]. Nous adorons ces deux demi-dieux et nous poursuivons. A peine avons-nous fait quelques pas, que nous rencontrons un fleuve qui roulait une sorte de vin semblable à celui de Chio : le courant était large, profond et navigable en plusieurs endroits. Nous nous sentons beaucoup plus disposés à croire à l'inscription de la colonne, en voyant ces signes manifestes du voyage de Bacchus. L'idée m'étant venue de savoir d'où partait ce fleuve, j'en remonte le courant, et je ne trouve aucune source, mais de nombreuses et grandes vignes pleines de raisins. Du pied de chacune d'elles coulait goutte à goutte un vin limpide, qui servait de source à la rivière. On y voyait beaucoup de poissons, qui avaient la couleur et le goût du vin ; nous en pêchons quelques-uns, que nous mangeons et qui nous enivrent ; or, en les ouvrant, nous les trouvons pleins de lie ; aussi nous prîmes plus tard la précaution de mêler des poissons d'eau douce à cette sorte de mets, afin d'en corriger la force.

8. Après avoir traversé le fleuve à un endroit guéable, nous trouvons une espèce de vignes tout à fait merveilleuses : le tronc, dans sa partie voisine de la terre, était épais et élancé ; de sa partie supérieure

---

[44] Voy. notre *Essai sur la légende d'Alexandre le Grand*, p. 61 et 167.
[45] Lucien se moque d'Hérodote, qui, dans son histoire, rapporte que les Scythes montraient la trace du pied d'Hercule, qui avait deux coudées de longueur. Voy. Hérodote, *Melpomène*, LXXII.

sortaient des femmes, dont le corps, à partir de la ceinture, était d'une beauté parfaite, telles que l'on nous représente Daphné, changée en laurier, au moment où Apollon va l'atteindre. A l'extrémité de leurs doigts poussaient des branches chargées de grappes ; leurs têtes, au lieu de cheveux, étaient couvertes de boucles, qui formaient les pampres et les raisins. Nous nous approchons ; elles nous saluent, nous tendent la main, nous adressent la parole, les unes en langue lydienne, les autres en indien, presque toutes en grec, et nous donnent des baisers sur la bouche ; mais ceux qui les reçoivent deviennent aussitôt ivres et insensés. Cependant elles ne nous permirent pas de cueillir de leurs fruits, et, si quelqu'un en arrachait, elles jetaient des cris de douleur. Quelques-unes nous invitaient à une étreinte amoureuse ; mais deux de nos compagnons s'étant laissé prendre par elles ne purent s'en débarrasser ; ils demeurèrent pris par les parties sexuelles, entés avec ces femmes, et poussant avec elles des racines : en un instant, leurs doigts se changèrent en rameaux, en vrilles, et l'on eût dit qu'ils allaient aussi produire des raisins.

9. Nous les abandonnons, nous fuyons vers notre vaisseau, et nous racontons à ceux que nous y avions laissés la métamorphose de nos compagnons, désormais incorporés à des vignes. Cependant, munis de quelques amphores, nous faisons une provision d'eau, et nous puisons du vin dans le fleuve, auprès duquel nous passons la nuit.

Le lendemain, au point du jour, nous remettons à la voile avec une brise légère ; mais, sur le midi, quand nous étions hors de la vue de l'île, une bourrasque soudaine vient nous assaillir avec une telle violence, qu'après avoir fait tournoyer notre vaisseau elle le soulève en l'air à plus de trois mille stades et ne le laisse plus retomber sur la mer : la force du vent, engagé dans nos voiles, tient en suspens notre embarcation et l'emporte, de telle sorte que nous naviguons en l'air pendant sept jours et sept nuits.

10. Le huitième jour nous apercevons dans l'espace une grande terre, une espèce d'île brillante, de forme sphérique, et éclairée d'une vive lumière. Nous y abordons, nous débarquons, et, après avoir re-

connu le pays, nous le trouvons habité et cultivé. Durant le jour, on ne put apercevoir de là aucun autre objet ; mais sitôt que la nuit fut venue, nous vîmes plusieurs autres îles voisines, les unes plus grandes, les autres plus petites, toutes couleur de feu ; au-dessus l'on voyait encore une autre terre, avec des villes, des fleuves, des mers, des forêts, des montagnes : il nous parut que c'était celle que nous habitons.

11. Nous étions décidés à pénétrer plus avant quand nous fûmes rencontrés et pris par des êtres qui se donnent le nom d'Hippogypes (Chevaux-vautours). Ces Hippogypes sont des hommes portés sur de grands vautours, dont ils se servent comme de chevaux ; ces vautours sont d'une grosseur énorme, et presque tous ont trois têtes : pour donner une idée de leur taille, je dirai que chacune de leurs plumes est plus longue et plus grosse que le mât d'un grand vaisseau de transport. Nos Hippogypes avaient l'ordre de faire le tour de leur île, et, s'ils rencontraient quelque étranger, de l'amener au roi. Ils nous prennent donc et nous conduisent à leur souverain. Celui-ci nous considère, et jugeant qui nous étions d'après nos vêtements :

« — Étrangers, nous dit-il, vous êtes Grecs ? »

Nous répondons affirmativement.

« — Comment alors êtes-vous venus ici en traversant un si grand espace d'air ? »

Nous lui racontons notre aventure, et lui, à son tour, nous dit la sienne. Il était homme et s'appelait Endymion[46] ; un jour, pendant son sommeil, il avait été enlevé de notre terre, et, à son arrivée, on l'avait fait roi de ce pays. Or, ce pays n'était pas autre chose que ce qu'en bas nous appelons la Lune. Il nous engagea à prendre courage et à ne craindre aucun danger, qu'on nous donnerait tout ce dont nous aurions besoin.

---

[46] Dans la mythologie, Endymion est amoureux de Sélènè (la lune), et lui donne cinquante filles. Ayant la chance de pouvoir faire exhaucer un vœu par Zeus, il choisit de dormir d'un sommeil éternel pour demeurer toujours jeune.

12. « Si je mène à bien, ajouta-t-il, la guerre que je suis en train de faire aux habitants du Soleil, vous passerez auprès de moi la vie la plus heureuse.

— Quels sont donc ces ennemis, disons-nous, et quelle est la cause des hostilités ?

— Phaéton, répond-il, roi des habitants du Soleil, car le Soleil est habité comme la Lune, nous fait la guerre depuis longtemps. Voici pourquoi j'avais rassemblé tous les pauvres de mon empire, et j'avais dessein de les envoyer fonder une colonie dans l'Étoile du Matin, qui est déserte et inhabitée. Phaéton, par jalousie, voulut y mettre obstacle, et, vers le milieu de la route, il se présenta devant nous avec les Hippomyrmèques (Chevaux-fourmis). Vaincus dans le combat par la supériorité du nombre, nous sommes forcés d'abandonner la place. Mais aujourd'hui je veux reprendre la guerre, et si vous voulez partager avec moi cette expédition, je vous ferai donner à chacun un de mes vautours royaux et le reste de l'équipement. Dès demain nous nous mettrons en marche.

— Comme il vous plaira, » lui dis-je.

13. Il nous retient alors à souper et nous demeurons dans son palais. Le matin, nous nous levons et nous nous mettons en ordre de bataille, avertis par les espions de l'approche des ennemis. Nos forces consistaient en cent mille soldats, sans compter les goujats, les conducteurs des machines, l'infanterie et les troupes alliées : le nombre de ces dernières s'élevait à quatre-vingt mille Hippopyges (Chevaux-fesses), et vingt mille combattants montés sur des Lachanoptères (Ailes de légumes). C'est une espèce de grands oiseaux tout couverts de légumes au lieu de plumes, et dont les ailes rapides ressemblent beaucoup à des feuilles de laitue. Près d'eux étaient placés les Cenchroboles (Lanceurs de millet) et les Scorodomaques (Combattants aux gousses d'ail) ; trente mille Psyllotoxotes (Puces archères) et cinquante mille Anémodromes (Coureurs de vent) étaient venus de l'Étoile de l'Ourse en qualité d'alliés. Les Psyllotoxotes étaient montés sur de grosses puces, d'où leur nom, et ces puces étaient de la taille de deux éléphants : les Anémodromes sont des fantassins, et ils sont portés

par les vents sans avoir besoin d'ailes. Voici comment : ils ont de longues robes qui leur descendent jusqu'aux talons ; ils les retroussent, et le vent, venant à s'y engouffrer, les fait naviguer en l'air comme des barques. La plupart se servent de boucliers dans le combat. On disait qu'il devait en outre arriver, des astres situés au-dessus de la Cappadoce, soixante-dix mille Strouthobalanes (Glands d'autruche) et cinquante mille Hippogéranes (Chevaux-grues) ; mais nous ne les vîmes pas, attendu qu'ils ne vinrent point. Aussi je n'ose en faire la description ; car ce qu'on en disait me paraissait fabuleux et incroyable.

14. Telles étaient les troupes d'Endymion : toutes portaient la même armure ; les casques étaient de fèves, qui sont dans ce pays grandes et dures ; les cuirasses, disposées par écailles, étaient faites de cosses de lupins cousues ensemble, et dont la peau était aussi impénétrable que de la corne : les boucliers et les sabres ressemblaient à ceux des Grecs.

15. Au moment décisif, l'armée fut rangée comme il suit : l'aile droite fut occupée par les Hippopyges et par le roi, entouré des plus braves combattants au nombre desquels nous étions ; à la gauche se placèrent les Lachanoptères et au centre les troupes alliées, chacune à son rang. L'infanterie montait à soixante millions, et voici comment on la rangea en bataille. Dans ce pays les araignées sont en grand nombre, et beaucoup plus grosses, chacune, que les îles Cyclades. Endymion leur donna l'ordre de tisser une toile qui s'étendît depuis la Lune jusqu'à l'Étoile du Matin ; elles l'exécutèrent en un instant, et cela fit un champ sur lequel le roi rangea son infanterie, commandée par Nyctérion (Nocturne), fils d'Eudianax (Prince serein), et par deux autres généraux.

16. L'aile gauche des ennemis était composée d'Hippomyrmèques, au milieu desquels était Phaéton. Ces Hippomyrmèques sont des animaux ailés, semblables à nos fourmis, à la grosseur près, car le plus énorme d'entre eux a au moins deux arpents. Non seulement ceux qui

les montent prennent part à l'action, mais ils se battent eux-mêmes avec leurs cornes. On nous dit que leur nombre était d'environ cinquante mille. A l'aile droite étaient les Aéroconopes (Moucherons de l'air), en nombre à peu près égal, tous archers et montés sur de grands moucherons. Derrière eux on plaça les Aérocoraces (Corbeaux d'air), infanterie légère et soldats belliqueux : ils lançaient de loin d'énormes raves avec leur fronde ; celui qui en était frappé ne pouvait résister longtemps ; il mourait infecté par l'odeur qui s'exhalait aussitôt de sa blessure ; on disait qu'ils trempaient leurs flèches dans du jus de mauve. Près d'eux se rangèrent les Caulomycètes (Tiges de champignons, queues d'asperges ?) grosse infanterie, qui se bat de près, au nombre de dix mille. On les appelle Caulomycètes, parce qu'ils se servent de champignons pour boucliers, et pour lances de queues d'asperges. Ensuite venaient les Cynobalanes (Glands de chien), qu'avaient envoyés à Phaéton les habitants de Sirius, au nombre de cinq mille. Ce sont des hommes à tête de chien, qui combattent de dessus des glands ailés. On nous dit qu'il leur manquait plusieurs alliés en retard, les frondeurs mandés de la Voie lactée et les Néphélocentaures (Centaures des nuées). Ceux-ci arrivèrent quand la bataille était encore indécise, et plût aux dieux qu'ils ne fussent pas venus ! Les frondeurs ne parurent pas ; aussi l'on prétend que dans la suite Phaéton irrité brûla leur pays. Voilà quelle était l'armée du roi du Soleil.

17. On en vient aux mains : les étendards sont déployés ; les ânes des deux armées se mettent à braire ; ce sont eux, en effet, qui servent de trompettes, et la mêlée commence. L'aile gauche des Héliotes (Solaires) ne pouvant soutenir le choc de nos Hippogypes, nous la poursuivons et nous en faisons un grand carnage ; mais leur aile droite enfonce notre gauche, et les Aéroconopes, fondant tout à coup sur elle, la poursuivent jusqu'aux rangs de notre infanterie qui s'avance pour la secourir et les oblige à se retirer en désordre, surtout quand ils s'aperçoivent que leur aile gauche est vaincue : leur déroute devient générale ; beaucoup sont faits prisonniers ; un plus grand nombre est tué ; le sang ruisselle de tous côtés sur les nuées, qui en sont teintes et qui prennent cette couleur rouge que nous leur voyons au coucher

du soleil : il en tomba jusque sur la terre, et ce fut sans doute, selon moi, à l'occasion de quelque événement semblable, arrivé autrefois dans le ciel, qu'Homère nous dit que Jupiter plut du sang à la mort de Sarpédon[47].

18. Au retour de la poursuite des ennemis, nous dressons deux trophées, l'un sur la toile d'araignée, pour célébrer le succès de l'infanterie, l'autre sur les nuées, à cause de notre victoire en l'air. Nous achevions, lorsque des espions vinrent nous annoncer l'arrivée des Néphélocentaures, qui auraient dû venir auprès de Phaéton avant le combat. Nous les voyons arriver, spectacle étrange d'êtres moitié hommes, moitié chevaux ailés : leur grosseur est telle, que l'homme qui compose la partie supérieure égale la moitié du colosse de Rhodes, et les chevaux un gros vaisseau marchand. Leur nombre était si considérable que je ne l'ai pas écrit, de peur qu'on ne refusât de me croire. Ils avaient à leur tête le Sagittaire du Zodiaque. Dès qu'ils se furent aperçus de la défaite de leurs alliés, ils envoyèrent dire à Phaéton qu'il revînt à la charge ; eux-mêmes s'étant formés en bataille, tombent sur les Sélénites (Lunaires), débandés, errants, dispersés à la poursuite de leurs ennemis et à la dépouille des morts. Ils les renversent, donnent la chasse au roi jusqu'à la ville, lui tuent la meilleure partie de ses vautours, arrachent les trophées, parcourent toute la plaine qu'avaient tissée les araignées, et me font prisonnier avec deux de mes compagnons. Phaéton arrive en ce moment, et nos ennemis, après avoir érigé de nouveaux trophées, nous emmenèrent prisonniers le même jour dans l'empire du Soleil, les mains liées derrière le dos avec un fil d'araignée.

19. Ils ne jugent pas à propos d'assiéger la ville ; mais, revenant sur leurs pas, ils construisent au milieu des airs un mur qui empêche les rayons du Soleil d'arriver jusqu'à la Lune : ce mur était double et composé de nuées. Voilà donc la Lune obscurcie par une éclipse totale, et enveloppée d'une nuit complète. Endymion, accablé d'un

---

[47] *Iliade*, XVI, v. 459.

tel malheur, envoie des ambassadeurs supplier Phaéton de détruire la muraille et de ne pas le laisser ainsi vivre dans les ténèbres : il promet de lui payer un tribut, de devenir son allié, de ne plus lui faire la guerre, et il lui offre des otages comme garants du traité, Phaéton assemble deux fois son conseil : à la première délibération, les vainqueurs persistent dans leur colère ; à la seconde, ils se ravisent.

20. La paix est conclue sur les clauses suivantes : «Une alliance est faite entre les Héliotes et leurs alliés, les Sélénites et leurs alliés, à condition que les Héliotes raseront la muraille d'interception et ne feront plus d'irruption dans la Lune ; ils rendront les prisonniers moyennant la rançon fixée pour chacun d'eux ; de leur côté, les Sélénites laisseront les autres astres se gouverner d'après leurs lois ; ils ne feront plus la guerre aux Héliotes, mais les deux peuples formeront une ligue offensive et défensive ; le roi des Sélénites payera au roi des Héliotes un tribut annuel de dix mille amphores de rosée et lui donnera pour otages pareil nombre de ses sujets, la colonie de l'Étoile du Matin sera faite en commun, et chaque peuple y enverra ceux qui voudront en être ; ce traité sera gravé sur une colonne d'ambre, dressée en l'air, aux confins des deux empires. Ont juré pour les Héliotes : Pyronide (Fils du feu), Thétite (De l'été) et Phlogius (L'Enflammé) ; pour les Sélénites : Nyctor (Nuitar), Ménius (Moisin) et Polylampe (Nombreuses lampes).»

21. Ainsi la paix fut conclue, le mur démoli, et nous autres rendus à la liberté. A notre retour dans la Lune, nos compagnons accoururent au-devant de nous, et nous embrassèrent en versant des larmes : Endymion en fit autant ; de plus, il nous engagea à demeurer auprès de lui et à nous établir dans la colonie ; il me promit même de me donner son fils en mariage, car il n'y a pas de femmes dans ce pays ; mais je ne me laissai point aller à ses offres, et je le priai de vouloir bien nous faire redescendre à la mer. Quand il vit qu'il lui était impossible de me convaincre, il nous congédia, après nous avoir régalés pendant sept jours.

22. Il faut cependant que je vous raconte les choses nouvelles et extraordinaires que j'ai observées, durant mon séjour dans la Lune. Et d'abord ce ne sont point des femmes, mais des mâles qui y perpétuent l'espèce: les mariages n'ont donc lieu qu'entre mâles, et le nom de femme y est totalement inconnu. On y est épousé jusqu'à vingt-cinq ans, et à cet âge on épouse à son tour. Ce n'est point dans le ventre qu'ils portent leurs enfants, mais dans le mollet. Quand l'embryon a été conçu, la jambe grossit; puis, plus tard, au temps voulu, ils y font une incision et en retirent un enfant mort, qu'ils rendent à la vie en l'exposant au grand air, la bouche ouverte. C'est sans doute de là qu'est venu chez les Grecs le nom de gastrocnémie (Ventre-cuisse), puisque, au lieu du ventre, c'est la jambe qui devient grosse. Mais voici quelque chose de plus fort. Il y a dans ce pays une espèce d'hommes appelés Dendrites (Arbrins), qui naissent de la manière suivante: on coupe le testicule droit d'un homme et on le met en terre; il en naît un arbre grand, charnu, comme un phallus; il a des branches, des feuilles. Ses fruits sont des glands d'une coudée de longueur. Quand ils sont mûrs, on récolte ces fruits, et on en écosse des hommes. Leurs parties sont artificielles: quelques-uns en ont d'ivoire, les pauvres en ont de bois, et ils remplissent avec cela toutes les fonctions du mariage.

23. Quand un homme est parvenu à une extrême vieillesse, il ne meurt pas, mais il s'évapore en fumée et se dissout dans les airs. Ils se nourrissent tous de la même manière. Ils allument du feu et font rôtir sur les charbons des grenouilles volantes, qui sont chez eux en grande quantité; puis ils s'asseyent autour de ce feu, comme d'une table, et se régalent en avalant la fumée qui s'exhale du rôti. Tel est leur plat solide. Leur boisson est de l'air pressé dans un vase, où il se résout en un liquide semblable à de la rosée. Ils ne rendent ni urine, ni excréments, n'ayant pas, comme nous, les conduits nécessaires. Ils ne peuvent pas non plus avoir par cette voie de commerce avec des mignons, mais par les jarrets, où s'ouvre leur gastrocnémie. C'est une beauté chez eux que d'être chauve et complément dégarni de cheveux; ils ont les chevelures en horreur. Dans les comètes, au con-

traire, les cheveux sont réputés beaux, au moins d'après ce que nous en dirent quelques voyageurs. Leur barbe croît un peu au-dessus du genou ; leurs pieds sont dépourvus d'ongles, et tous n'y ont qu'un seul doigt. Il leur pousse au-dessus des fesses une espèce de gros chou, en manière de queue, toujours vert, et ne se brisant jamais, lors même que l'individu tombe sur le dos.

24. De leur nez découle un miel fort âcre ; et, lorsqu'ils travaillent ou s'exercent, tout leur corps sue du lait, dont ils font des fromages, en y faisant couler un peu de ce miel. Ils tirent de l'oignon une huile très grasse, et parfumée comme de la myrrhe. Ils ont beaucoup de vignes qui donnent de l'eau : les grains du raisin ressemblent à des grêlons ; aussi, je crois que, quand un coup de vent agite ces vignes, alors il tombe chez, nous de la grêle, qui n'est autre que ces raisins égrenés. Leur ventre leur sert de poche : ils y mettent tout ce dont ils ont besoin, car il s'ouvre et se ferme à volonté. On n'y voit ni intestins, ni foie ; mais il est velu et poilu intérieurement, en sorte que les enfants s'y blottissent, quand ils ont froid.

25. L'habillement des riches est de verre, étoffe moelleuse, celui des pauvres est un tissu de cuivre ; le pays produit en grande quantité ce métal, qu'ils travaillent comme de la laine, après l'avoir mouillé. Quant à leurs yeux, en vérité je n'ose dire comment ils sont faits, de peur qu'on ne me prenne pour un menteur, tant la chose est incroyable. Je me hasarderai pourtant à dire que leurs yeux sont amovibles : ils les ôtent quand ils veulent et les mettent de côté, jusqu'à ce qu'ils aient envie de voir ; alors, ils les remettent en place pour s'en servir, et, si quelques-uns d'entre eux viennent à perdre leurs yeux, ils empruntent ceux des autres et en font usage, il y a même des riches qui en gardent de rechange. Leurs oreilles sont de feuilles de platane, excepté celles des hommes nés d'un gland, qui les ont de bois.

26. Je vis une bien autre merveille dans le palais du roi. C'était un grand miroir, placé au-dessus d'un puits d'une profondeur médiocre. En y descendant, on entendait tout ce qui se dit sur la terre, et en

levant les yeux vers le miroir, on voyait toutes les villes et tous les peuples, comme si l'on était au milieu d'eux. J'y vis mes parents et ma patrie ; je ne sais s'ils me virent aussi ; je n'oserais l'affirmer : mais, si l'on se refuse à me croire, on verra bien, en y allant, que je ne suis pas un imposteur.

27. Cependant, après avoir salué le roi et ses amis, nous mettons à la voile. Endymion me fit présent de deux tuniques de verre, de cinq robes de cuivre et d'une armure complète de cosses de lupins ; mais j'ai laissé tout cela dans la baleine. Il nous donna pour escorte mille Hippogypes, qui nous accompagnèrent l'espace de cinq cents stades.

28. Nous côtoyons alors beaucoup de pays différents, et nous abordons à l'Étoile du Matin, où était la nouvelle colonie, pour débarquer et faire de l'eau. De là, nous dirigeant vers le Zodiaque, et laissant le Soleil à gauche, nous naviguons presque à fleur de terre, sans pouvoir descendre, malgré le désir de mes amis, mais le vent nous était contraire. Nous voyons, toutefois, une contrée fertile, couverte de bocages, riche de tous les biens. Les Néphélocentaures, mercenaires de Phaéton, nous ayant aperçus, volèrent sur notre navire, mais à la nouvelle du traité ils se retirèrent ; heureusement, car nos Hippogypes étaient déjà repartis.

29. Nous voguons ensuite une nuit et un jour ; et, vers le soir, nous arrivons à Lychnopolis (La ville-lumière) après avoir dirigé notre course vers les régions inférieures. Cette ville, située dans l'espace aérien qui s'étend entre les Hyades et les Pléiades, est un peu au-dessous du Zodiaque. Nous débarquons, et nous n'y trouvons pas d'hommes, mais des lampes, qui se promenaient sur le port et sur la place publique. Il y en avait de petites, apparemment la populace, et quelques-unes, les grands et les riches, brillantes et lumineuses. Elles avaient chacune leur maison, je veux dire leur lanterne, et chacune leur nom, comme les hommes ; nous les entendions même parler. Loin de nous faire aucun mal, elles nous offrent l'hospitalité. Mais

nous n'osons accepter, et personne de nous n'a le courage de souper et de passer la nuit avec elles. Le palais du roi est situé au milieu de la ville. Le prince y est assis toute la nuit, appelant chacune d'elles par son nom. Celle qui ne répond pas est condamnée à mort pour avoir abandonné son poste. La mort, c'est d'être éteinte. Nous, nous rendons au palais pour voir ce qui s'y passait, et nous entendons plusieurs lampes se justifiant et exposant les motifs pour lesquels elles arrivaient si tard. Je reconnus parmi ces lampes celle de notre maison : je lui demandai des nouvelles de ma famille, et elle satisfit à mes questions. Nous passons là le reste de la nuit. Le lendemain, nous repartons, nous nous rapprochons des nuages et nous découvrons la ville de Néphélococcygie[48] : sa vue nous frappe d'admiration ; mais nous n'y pouvons aborder, contrariés par le vent. Le roi régnant est Coronus (Corneillon), fils de Cottyphion, (Dumerle). Je me rappelai en ce moment ce que dit de cette ville Aristophane, poète grave et véridique, et je trouvai qu'on a tort de ne pas croire à ses assertions. Trois jours après nous aperçûmes distinctement l'Océan, mais aucune terre si ce n'est celles qui sont dans les régions célestes, et déjà même elles prenaient à nos yeux une couleur de feu des plus éclatantes, lorsque, le quatrième soir, vers midi, le vent s'étant calmé et étant tombé tout à fait, nous redescendîmes sur la mer.

30. A peine avons-nous touché l'eau salée, qu'il fallait voir notre joie, nos transports d'aise ! Nous nous abandonnons à toute l'allégresse d'un pareil instant, et, nous jetant à la mer nous nous mettons à nager. Le temps était calme, la mer tranquille. Mais souvent le retour au bonheur n'est que le présage de plus grandes infortunes ! Il y avait deux jours que notre vaisseau voguait paisiblement sur l'Océan, lorsque, le quatrième, au lever du soleil, nous voyons paraître tout à coup une quantité prodigieuse de monstres marins et de baleines. La plus énorme de toutes était de la longueur de quinze cents stades. Ce monstre nage vers nous la gueule béante, troublant au loin la mer, faisant voler l'écume de toutes parts, et montrant des dents beaucoup

---

[48] « Débauche-sur-les-nuées. » Voy. *les Oiseaux* d'Aristophane.

plus grosses que nos phallus, aiguës comme des pieux et blanches comme de l'ivoire. Nous nous disons alors le dernier adieu, nous nous embrassons et nous attendons. La baleine arrive, qui nous avale et nous engloutit avec notre vaisseau. Par bonheur elle ne serra pas les dents, ce qui nous eût écrasés, mais le navire put couler à travers les interstices.

31. A l'intérieur, ce ne sont d'abord que ténèbres, parmi lesquelles nous ne distinguons rien ; mais bientôt, le monstre ayant ouvert la gueule, nous apercevons une vaste cavité, si large et si profonde qu'on aurait pu y loger une ville et dix mille hommes. Au milieu, on voyait un amas de petits poissons, des débris d'animaux, des voiles et des ancres de navires, des ossements d'hommes, des ballots, et, plus loin, une terre et des montagnes, formées, sans doute, par le limon que la baleine avalait. Il s'y était produit une forêt avec des arbres de toute espèce ; des légumes y poussaient, et l'on eût dit une campagne en fort bon état. Le circuit de cette terre était de deux cent quarante stades[49]. On y voyait des oiseaux de mer, des mouettes, des alcyons[50], qui faisaient leurs petits sur les arbres.

32. En ce moment, nous nous mettons à fondre en larmes ; mais enfin je relève le courage de mes compagnons. Nous étayons le vaisseau, nous battons le briquet, nous allumons du feu, et nous préparons un repas de tout ce qui nous tombe sous la main : or, il y avait là une grande quantité de poissons de toute espèce, et il nous restait encore de l'eau de l'Étoile du Matin. Le lendemain, à notre lever, chaque fois que la baleine ouvrait la gueule, nous apercevons ici des montagnes, là le ciel tout seul, souvent même des îles, et nous sentons que l'animal parcourt avec vitesse toute l'étendue de la mer. Nous finissons par nous accoutumer à notre séjour ; et, prenant avec moi sept de mes compagnons, je pénètre dans la forêt, déterminé à

---

[49] 43,2 km. Le stade mesurait 180 mètres.
[50] Oiseau de mer assez semblable à l'hirondelle, dit aussi martin-pêcheur. Les anciens racontaient que la mer demeure calme pendant que les alcyons font leurs nids.

en faire une reconnaissance complète. Je n'avais pas fait cinq stades, que je trouve un temple de Neptune, comme l'indiquait l'inscription. Un peu plus loin, je découvre plusieurs tombeaux avec leurs cippes[51], et tout près de là une source d'eau limpide. En même temps nous entendons aboyer un chien, et nous voyons de loin s'élever de la fumée. Nous ne doutons pas qu'il n'y ait là quelque habitation.

33. Nous avançons promptement, et nous rencontrons un vieillard et un jeune homme qui travaillaient avec ardeur à cultiver un jardin et à diriger l'eau de la source. Ravis et effrayés tout ensemble, nous nous arrêtons : ceux-ci, visiblement animés des mêmes sentiments que nous, n'osent dire un seul mot.

Enfin le vieillard : «Qui êtes-vous, dit-il, étrangers ? des dieux marins, ou d'infortunés mortels, comme nous ? Nous sommes des hommes, jadis habitants de la terre, aujourd'hui vivant au milieu de la mer, forcés de nager avec le monstre qui nous renferme, incertains du sort que nous éprouvons : il nous semble, en effet, que nous sommes morts, et pourtant nous croyons vivre encore.

— Et nous aussi, lui dis-je, ô mon père, nous sommes des hommes arrivés depuis peu dans cette contrée ; avant-hier nous fûmes avalés avec notre navire. En ce moment même, nous allions en reconnaissance dans cette forêt, qui nous a paru étendue et épaisse. C'est un dieu sans doute qui nous a conduits, pour vous y voir et pour apprendre que nous ne sommes pas les seuls enfermés dans le monstre. Mais racontez-nous vos aventures, qui vous êtes et comment vous êtes descendus ici.

— Vous le saurez, nous répond le vieillard, mais ce ne sera pas avant que vous ayez reçu de moi les présents de l'hospitalité que je puis vous offrir.»

A ces mots, il nous prend la main et nous conduit à sa demeure, qu'il avait su rendre assez commode, et dans laquelle il avait disposé des lits avec d'autres objets nécessaires. Là, il nous sert des légumes, des fruits, des poissons, du vin ; et, nous voyant rassasiés, il nous de-

---

[51] Demi-colonne sans chapiteau.

mande le récit de nos aventures. Je lui raconte, sans en rien omettre, la tempête, notre arrivée à l'île des Vignes, notre navigation aérienne, notre bataille, et le reste jusqu'à notre descente dans le poisson.

34. Frappé de surprise, il se met à son tour à nous raconter son histoire.

«Étrangers, dit-il, je suis né à Chypre. Parti de ma patrie, avec mon fils, que vous voyez, et plusieurs serviteurs, je faisais voile vers l'Italie, emmenant avec moi sur un grand navire notre cargaison, dont vous avez sans doute vu les débris dans le gosier de la baleine. Jusqu'en vue de la Sicile, notre traversée fut heureuse. Mais assaillis alors d'un vent furieux, nous sommes emportés en trois jours dans l'Océan, où cette baleine nous rencontre, et nous avale, hommes et navire. Tous nos compagnons périssent; seuls, nous échappons tous les deux au danger. Après avoir donné la sépulture à nos morts, nous élevons un temple à Neptune, et nous commençons à vivre comme nous faisons, cultivant des légumes dans ce jardin, mangeant des poissons et des fruits. Cette forêt très étendue, ainsi que vous le voyez, contient des vignes, qui produisent un vin fort agréable; et vous avez aperçu, sans doute, une source dont l'eau est pleine de limpidité et de fraîcheur. Nous nous faisons un lit de feuillage, nous allumons un grand feu, nous allons à la chasse des oiseaux qui volent autour de nous, et nous pêchons des poissons vivants, en pénétrant dans les branchies du cétacé, nous y prenons même des bains, lorsque nous le désirons. Par-delà, en effet, se trouve un vaste étang salé, qui peut avoir vingt stades de tour, et dans lequel se trouvent des poissons de toute espèce: nous nous amusons à y nager et à naviguer dessus dans une petite barque que j'ai faite moi-même. Voici la vingt-septième année qui s'écoule depuis notre engloutissement.

35. «Notre condition, d'ailleurs, serait assez tolérable, si nous n'avions des voisins, des êtres logés près de nous, qui sont de mœurs difficiles, insupportables, barbares, sauvages. Eh quoi! lui dis-je, il y a dans la baleine d'autres êtres que nous?

— Oui, et en grand nombre, répondit-il, tous inhospitaliers et d'un aspect effroyable. A l'extrémité occidentale de la forêt, vers la queue, sont les Tarichanes (Saumuriens) : ils ont des yeux d'anguille et un visage d'écrevisse : peuple hardi, belliqueux, et ne vivant que de chair crue. De l'autre côté, vers la partie droite, sont les Tritonomendètes (Trito-boucs[52]) : ils ressemblent à des hommes depuis la tête jusqu'à la ceinture ; le reste est d'un bouc. Ils sont moins féroces que les autres. A gauche se trouvent les Carcinochires (Mains-d'écrevisse) et les Thynnocéphales (Têtes-de-thon), qui ont fait entre eux alliance et amitié. Au centre séjournent les Pagourades (Queues-en-croûte) et les Psettopodes (Pied-de-plie), race batailleuse et rapide à la course. La partie orientale, vers la gueule, est presque entièrement déserte, à cause des inondations de la mer. Quant à la partie que j'occupe, j'en ai la jouissance, moyennant un tribut annuel de cinq cents huîtres que je paye aux Psettopodes.

36. « Voilà l'état du pays. Il faut cependant pourvoir à notre subsistance et aux moyens de nous défendre contre tous ces habitants.

— Quel en est le nombre ? lui dis-je.

— Ils sont plus de mille.

— Et quelles sont leurs armes ?

— Rien que des arêtes de poisson.

— Cela étant, lui dis-je, nous ne risquons rien à les attaquer, puisqu'ils n'ont pas d'armes et que nous en avons. Si nous sommes vainqueurs, nous vivrons désormais sans inquiétude. »

Cet avis prévaut, et nous regagnons notre vaisseau pour faire nos préparatifs. Le refus du tribut devait être le prétexte de la guerre. C'était justement l'époque de l'échéance ; des ambassadeurs étaient venus pour le recevoir. Le vieillard leur répond avec hauteur et les chasse. Aussitôt les Psettopodes et les Pagourades, indignés contre Scintharus (Leplongear), c'était le nom de notre hôte, marchent contre lui avec un grand tumulte.

37. Nous avions prévu leur attaque : nous les attendons de pied

---

[52] Nom formé à partir de Triton, dieu marin. Voy. Hérodote, II, XLVI.

ferme, tout en armes, après avoir envoyé une vedette de vingt-cinq hommes ; avec l'ordre de ne sortir d'embuscade que quand ils auraient vu les ennemis passés. Ils exécutent cette manœuvre, tombent sur les derrières de nos agresseurs, et les taillent en pièces. Pour nous, qui étions aussi au nombre de vingt-cinq, y compris Scintharus et son fils, qui avaient également pris les armes, nous les attaquons de front, et, engageant la mêlée avec courage et vigueur, nous livrons un combat douteux. Enfin, nous les mettons en fuite, et nous les poursuivons vivement jusqu'à leurs cavernes. Ils laissent cent soixante-dix des leurs sur la place ; nous n'avons qu'un seul homme tué : le pilote, qui a le dos percé d'une arête de rouget.

38. Nous restons ce jour et la nuit suivante sur le champ de bataille, et nous y dressons un trophée fait de l'épine dorsale d'un dauphin. Le lendemain, les autres peuples, ayant appris la défaite de leurs alliés, se présentent à nous : les Tarichanes, commandés par Pélamus[53], à l'aile droite ; à la gauche, les Thynnocéphales ; au centre, les Carcinochires. Les Tritonomendètes avaient gardé la neutralité et ne s'étaient rangés d'aucun parti. La rencontre se fit près du temple de Neptune. Nous nous élançons en poussant de grands cris, qui retentissent dans la baleine comme dans une caverne profonde. Nous mettons en fuite nos adversaires désarmés, nous les poursuivons à travers la forêt, et nous restons maîtres du reste de la contrée.

39. Quelque temps après, ils nous envoient des hérauts, enlèvent leurs morts et font des propositions d'amitié. Nous refusons toute espèce de trêve, et, pénétrant le lendemain sur leur territoire, nous les taillons tous en pièces, à l'exception des Tritonomendètes. Mais ceux-ci, ayant vu de quelle manière nous avions traité les autres, s'enfuient, en courant, par les branchies du cétacé, et s'élancent dans la mer. Maîtres dès lors du pays purgé d'ennemis, nous y vivons tranquilles, nous livrant à divers exercices, à la chasse, à la culture de la vigne, à la récolte du fruit des arbres, semblables, en un mot, à des gens qui

---

[53] De pélamyde, espèce de thon.

vivent agréablement et librement dans une grande prison, d'où il leur est impossible de sortir. Nous passâmes ainsi un an et huit mois.

40. Le cinquième jour du neuvième mois, vers le second bâillement de la baleine, car il est bon de savoir que l'animal bâillait une fois par heure, ce qui nous servait à compter les divisions du jour ; vers le second bâillement, dis-je, de nombreuses voix et un grand tumulte se font entendre, comme un chant et un bruit de rameurs. Troublés, comme on peut croire, nous nous glissons vers la gueule de la baleine, et, nous tenant dans l'intervalle des dents, nous voyons le plus étrange des spectacles qui se soient offerts à mes yeux : des géants d'un demi-stade de hauteur, voguant sur de grandes îles, comme sur des galères. Je sais bien que ce que je raconte trouvera mes lecteurs incrédules, mais je le dirai pourtant. Ces îles étaient plus longues que hautes, et chacune d'elles, qui avait environ cent stades de circuit, était montée par cent vingt de ces géants. Les uns, assis le long des bords de l'île, se servaient, en guise de rames, de grands cyprès garnis de toutes leurs branches et de tout leur feuillage. Derrière, comme à la poupe, un pilote se tenait debout, monté sur une colline, et tenant à la main un gouvernail d'airain long d'un stade. A la proue, quarante guerriers tout armés paraissaient prêts à combattre : ils ressemblaient tout à fait à des hommes, sauf la chevelure. La leur était de feu, étincelante, en sorte qu'ils n'avaient pas besoin de casques. Au lieu de voiles, chaque île avait au centre une vaste forêt qui se gonflait sous le vent et faisait aller l'île au gré du pilote. Ils avaient un chef de rameurs, et ceux-ci manœuvraient avec effort, comme on a coutume de le faire, pour faire avancer les gros vaisseaux.

41. D'abord, nous n'en vîmes que deux ou trois ; puis, bientôt, il en parut près de six cents, qui, se séparant en deux flottes, commencèrent une bataille navale. Les proues se choquent ; plusieurs vaisseaux sont fracassés, d'autres s'entrouvrent et sont coulés à fond ; plusieurs, dans la mêlée, combattent avec vigueur et ne lâchent point l'abordage ; les hommes placés à la proue déploient la plus grande valeur, s'élancent sur le navire ennemi et massacrent tout sans pitié ; on ne

fait aucun prisonnier. Au lieu de grappins, ils se lancent de gros poulpes attachés les uns aux autres, qui, s'embarrassant dans la forêt, arrêtent la marche du vaisseau. Ils combattent et se blessent à coups d'huîtres qui rempliraient un char et avec des éponges de la grandeur d'un arpent.

42. L'un des deux partis avait, pour chef Éolocentaure[54], et l'autre Thalassopotès (Qui boit la mer). Leur querelle était survenue, dit-on, à propos du butin. Il paraît que Thalassopotès avait enlevé plusieurs troupeaux de dauphins à Éolocentaure : c'est du moins ce qu'on pouvait conjecturer d'après leurs cris, qui nous apprirent également le nom des deux rois. Enfin, la victoire reste aux troupes d'Éolocentaure ; il coule à fond plus de cent cinquante des îles ennemies, et se rend maître de trois avec tout leur équipage. Le reste s'enfuit, la poupe brisée. Les vainqueurs les poursuivent quelque temps, et reviennent le soir pour recueillir les débris des deux flottes. Ils s'emparent de ce qui reste des vaisseaux ennemis, et recouvrent leurs propres biens, car ils avaient eux-mêmes perdu plus de quatre-vingt de leurs îles. Ensuite ils dressent un trophée comme souvenir de cette nésomachie (combat de l'île), et suspendent un des vaisseaux ennemis à la tête de la baleine. Ils passent cette nuit auprès du monstre, auquel ils attachent leurs câbles et leurs ancres, faites de cristal et d'une extrême grosseur ; puis, le lendemain, après avoir fait un sacrifice sur le dos de la baleine et enseveli leurs morts, ils se rembarquent joyeux, en entonnant un chant de victoire. Voilà quel fut le combat des îles.

---

[54] Composé à partir d'Éole, « Centaure venteux » ?

Livre second

1. Depuis ce moment, la vie que nous menions dans la baleine me devint insupportable ; ce séjour m'était odieux, et je cherchai quelque moyen d'en sortir. D'abord, nous pensâmes qu'il suffirait, pour nous échapper, de pratiquer un trou dans le côté droit, et nous commençâmes à creuser ; mais, après avoir poussé inutilement la fouille jusqu'à la profondeur de cinq stades, nous y renonçons, et nous nous décidons à mettre le feu à la forêt : c'était un moyen sûr de faire mourir la baleine ; et, dans ce cas, il nous était facile de nous échapper. Nous commençons donc par mettre le feu aux parties voisines de la queue. Pendant sept jours et sept nuits ; la baleine parut insensible à cette chaleur ; mais le huitième et le neuvième, nous nous apercevons qu'elle est malade : elle ouvrait la gueule avec moins de facilité, et, quand elle l'ouvrait, elle la refermait sur-le-champ. Le dixième jour et le onzième jour, elle se mourait ; déjà même elle sentait mauvais. Le douzième jour, nous nous apercevons, déjà même un peu tard, que, si on ne lui met pas promptement un bâillon pour l'empêcher de clore sa gueule tout à fait, nous courons risque de périr enfermés dans le cadavre. Nous étayons donc ses mâchoires avec d'énormes poutres, puis nous préparons notre navire, sur lequel nous chargeons une ample provision d'eau avec tous les objets nécessaires : Scintharus en devait être le pilote. Le lendemain la baleine mourut.

2. Nous tirons alors notre vaisseau, nous le faisons passer à travers les dents du monstre, et après l'y avoir suspendu, nous le faisons glisser doucement jusque sur la mer. Quant à nous, montés sur le dos de la baleine, nous offrons un sacrifice à Neptune, auprès du trophée, et nous demeurons là trois jours, à cause du calme qui régnait : le quatrième, nous mettons à la voile. Nous rencontrons et nous heurtons, chemin faisant, les nombreux cadavres de ceux qui avaient péri

dans le combat naval; et nous mesurons avec surprise l'énormité de leur taille. Après une navigation de quelques jours, secondée par un temps magnifique, le vent de Borée se met à souffler avec violence, et il survient un si grand froid que toute la mer se gèle jusqu'à la profondeur de quatre cents orgyies[55], en sorte que nous pouvons descendre et courir sur la glace. Mais comme le vent se soutenait toujours et devenait de plus en plus insupportable, nous prenons le parti, sur le conseil de Scintharus, de creuser dans la glace une grande caverne, où nous passons trente jours, allumant du feu et vivant de poissons. Pour les prendre, il suffisait de creuser. Cependant, les provisions venant à nous manquer, nous regagnons le navire; nous le dégageons des glaces, nous déployons la voile et nous nous mettons à voguer doucement et légèrement, en glissant sur la glace. Le cinquième jour, la chaleur revient, la glace se fond, et la mer redevient une masse d'eau.

3. Nous avions déjà couru environ trois cents stades, quand nous sommes portés sur une petite île déserte: nous y renouvelons notre provision d'eau, qui commençait à manquer, nous tuons à coups de flèches deux taureaux sauvages et nous poursuivons notre traversée. Ces taureaux n'avaient point les cornes plantées sur la tête, mais sous les yeux, comme le voulait Momus[56]. A quelque temps de là, nous entrons dans une mer, qui n'était pas d'eau, mais de lait. Au milieu s'élevait une île blanche, pleine de vignes. Cette île était un énorme fromage, parfaitement compact, comme nous pûmes nous en convaincre dans la suite en en mangeant, et ayant vingt-cinq stades de circonférence. Les vignes étaient remplies de raisins; mais au lieu de vin, on n'en exprimait que du lait. Vers le centre de cette île on avait bâti un temple, consacré à la néréide Galatée, ainsi que le portait l'inscription. Durant tout le séjour que nous fîmes en cet endroit, la terre même nous servit de nourriture, et le lait des grappes, de bois-

---

[55] 864 mètres (l'orgyie valait 2,16 mètres).
[56] Voy. Nigrinus, 18.

son. On nous dit que Tyro, fille de Salmonée, était reine de ce pays, récompense qu'elle reçut de Neptune, quand ce dieu la quitta[57].

4. Après être demeurés cinq jours dans cette île nous levons l'ancre le sixième, avec une jolie brise et une mer tranquille. Le huitième jour, quand nous n'étions plus déjà dans des flots de lait, mais au milieu d'une eau saumâtre et azurée, nous apercevons un grand nombre d'hommes qui couraient sur les vagues : ils nous ressemblaient en tout, et par le corps et par la taille ; il n'y avait de différence que dans leurs pieds qui étaient de liège, d'où probablement leur nom de Phellopodes (Pieds de liège). Nous, sommes fort étonnés de voir qu'au lieu d'enfoncer, ils se soutiennent sur l'eau et voyagent sans crainte. Quelques-uns nous abordent, nous saluent en grec, et nous disent qu'ils vont à Phello, leur patrie. Ils nous accompagnent même quelque temps, en glissant le long de notre navire ; mais ensuite ils changent de route et nous quittent, en nous souhaitant un heureux voyage. Bientôt nous découvrons plusieurs îles, et près de nous, à gauche, cette Phello, vers laquelle se hâtaient d'arriver nos voyageurs. C'est une ville bâtie sur un grand et rond morceau de liège. De loin et un peu plus sur la droite, nous apercevons cinq autres villes, très grandes et très élevées, d'où sortait un feu continuel.

5. Vers la proue, il y en avait une large, à fleur d'eau, à la distance de moins de cinq cents stades. Nous nous en approchons, et aussitôt une odeur extraordinaire, suave, parfumée, arrive jusqu'à nous ; on eût dit la senteur que l'historien Hérodote prétend exhalée par l'Arabie Heureuse[58] : c'était un mélange de rose, de narcisse, d'hyacinthe, de lis, de violette, de myrrhe, de laurier, de fleur de vigne, qui venait caresser notre odorat. Ravis de ce doux parfum, nous espérons enfin le bonheur après tant de fatigues, et nous nous avançons vers l'île. En

---

[57] Fille de Salmonée et d'Alcidicé. Elle épousa son oncle Créthée et lui donna trois fils : Aeson, Phérès et Amythaon. Pélias et Nélée furent les deux enfants qu'elle eût de Poséidon qui, pour la séduire, avait pris l'apparence du fleuve Énipée. Notons que Galatée veut dire «de lait», et que Tyro signifie «fromage».
[58] Hérodote III, CXII.

approchant, nous voyons de tous côtés des ports nombreux, vastes et sûrs, et des fleuves limpides descendant tranquillement vers la mer ; puis des prés, des forêts, des oiseaux mélodieux, chantant les uns près du rivage, une foule d'autres sur les rameaux ; un air pur et léger environnait toute la contrée ; le souffle agréable des zéphyrs agitait doucement le feuillage, et en tirait des sons délicieux et prolongés, semblables à ceux d'une flûte oblique au milieu d'une solitude. A cette musique se mêlait le bruit de plusieurs voix, mais sans confusion, comme celui qu'on entend dans les festins, lorsqu'aux accords de la cithare et de la flûte se mêlent les louanges et les applaudissements des convives.

6. Enchantés de tous ces objets, nous nous dirigeons vers la terre : nous entrons au port et nous débarquons, laissant sur le navire Scintharus et deux de nos compagnons. Nous marchions à travers une prairie émaillée de fleurs, lorsque nous rencontrons des sentinelles et des garde-côtes. Ils nous enchaînent avec des guirlandes de roses (ils n'ont pas de liens plus forts), et nous conduisent au chef du pays. Dans le chemin ils nous apprennent que nous sommes dans l'île des Bienheureux, gouvernée par le Crétois Rhadamanthe. On nous amène à son tribunal, et l'appel de notre cause est fixé au quatrième tour.

7. La première qui fut jugée avant la nôtre, était celle d'Ajax, fils de Télamon[59]. Il s'agissait de savoir s'il serait admis ou non parmi les héros. On l'accusait de s'être donné la mort dans un accès de fureur. Après un long débat, Rhadamanthe décida qu'on lui ferait boire de l'ellébore, qu'on le mettrait entre les mains du médecin Hippocrate de Cos, et que, quand il aurait recouvré la raison, on l'admettrait au banquet.

---

[59] Le fils de Télamon, dit le grand Ajax, régnait sur Salamine. Il était de taille colossale et ne le cédait en force et en courage qu'à Achille. Les Athéniens lui rendaient tous les ans des honneurs à Salamine où il avait un temple et une statue.

8. La seconde cause était une question d'amour : Thésée[60] et Ménélas[61] se disputaient au sujet d'Hélène[62] ; chacun d'eux voulait la posséder. Rhadamanthe[63] l'adjugea à Ménélas, à cause de tous les travaux et de tous les dangers auxquels l'avait exposé son mariage : d'ailleurs Thésée ne manquait pas de femmes, l'Amazone et les filles de Minos[64].

9. La troisième était une affaire de préséance, entre Alexandre, fils de Philippe, et le Carthaginois Annibal : le pas fut accordé au roi de Macédoine, et on lui éleva un trône auprès de Cyrus l'Ancien, roi de Perse[65].

10. Notre tour vient alors. Le juge nous demande pourquoi, vivants, nous sommes entrés dans cette région sacrée. Nous lui racontons nos aventures sans en rien omettre : il nous fait tenir à l'écart, délibère pendant longtemps, et prend l'avis des autres juges ; il avait, en effet, plusieurs assesseurs, entre autres Aristide le Juste d'Athènes. Enfin, il prononce un arrêt d'après lequel nous subirions, après notre mort, la peine de notre curiosité et de notre voyage, mais que, pour

---

[60] Fils d'Égée et d'Æthra. Comme Héraklès, c'est un tueur de brigands et de monstres : Périphétès, Sciron, Cercyon, Sinis, Procruste, les brigands ; et les monstres : truie de Crommyon, taureaux de Marathon et de Crète. Il s'éprit un moment d'Ariane, fille de Minos et de Pasiphaé.

[61] Fils d'Atrée, frère d'Agammemnon. Époux d'Hélène. Après la prise de Troie, Ménélas reprit Hélène et la ramena chez lui.

[62] Fille de Zeus et de Léda, elle a pour père nourricier Tyndare. Épouse de Ménélas, elle fut enlevée, avec la complicité d'Aphrodite par le Troyen Pâris parce qu'elle était « la plus belle des femmes ». C'est pour venger l'affront de l'enlèvement que les Achéens firent, dix ans, la guerre aux Troyens.

[63] Fils de Zeus et d'Europe, Rhadamante fut un héros crétois. A cause de sa justice, Zeus en fit l'un des trois juges des Enfers avec Eaque et Minos (le beau-père du Minotaure).

[64] Roi de Crète, père d'Ariane et de Phèdre. Beau-père du Minotaure. Il levait un tribut humain sur la Grèce continentale pour nourrir son monstrueux beau-fils jusqu'à ce que Thésée le tue. Minos périt en Sicile, assassiné par les filles du roi Cocalos qui l'ébouillantèrent dans son bain. Après sa mort, il devint l'un des trois juges des Enfers (avec Éaque et Rhadamante). Certains poètes lui attribuent l'invention de la pédérastie.

[65] Voy. *Dialogue des Morts*, VII.

le moment, nous aurions le droit de demeurer dans l'île, de prendre part au festin des héros, et puis de partir. Il fixa en même temps à sept mois la durée de notre séjour.

11. Aussitôt, les guirlandes qui nous enchaînaient tombent d'elles-mêmes : libres, nous sommes conduits dans l'intérieur de la ville, au banquet des bienheureux. Cette ville est toute d'or, entourée d'un mur d'émeraude ; elle a sept portes, faites chacune d'un seul morceau de cinnamome : le pavé est d'ivoire dans la partie close par la muraille ; tous les temples des dieux sont bâtis de béryl, et sur leurs autels, faits d'une seule améthyste, on immole des hécatombes[66] entières. Autour de la ville coule un fleuve de myrrhe magnifique ; il a cent coudées royales de largeur, et sa profondeur permet d'y nager aisément. Les bains de ce pays sont de vastes édifices de cristal, tout parfumés de cinnamome[67] ; au lieu d'eau, les bassins sont remplis de rosée chaude.

12. Les vêtements des bienheureux sont faits de toiles d'araignée fort ténues, couleur de pourpre ; du reste, ils n'ont pas de corps ; ils sont impalpables, sans chair, et n'offrent aux yeux qu'une forme et une apparence. Cependant, malgré cette absence de corps, ils ne laissent pas de se tenir debout, de se remuer, de penser, de parler. En un mot, ils ressemblent à une âme dégagée de la matière et revêtue d'une effigie corporelle. Il faut donc les toucher, pour être sûr que ce n'est point un corps que l'on voit ; ce sont, en effet, des ombres qui marchent, et non pas des ombres noires. Personne, chez eux, ne vieillit chacun y garde l'âge qu'il avait en arrivant. Jamais il ne fait nuit, quoique le jour n'y soit pas éclatant ; mais un crépuscule semblable à celui qui, le matin, précède le lever du soleil, enveloppe toute la con-

---

[66] Il s'agit, étymologiquement d'un sacrifice de cent bœufs. Par la suite, sacrifice d'un grand nombre de victimes.
[67] Cinnamome était le nom que les anciens donnaient à une substance aromatique que quelques auteurs disent être la myrrhe et d'autres la cannelle.

trée. Ils ne connaissent qu'une seule saison pour toute l'année : c'est un printemps éternel, avec un seul vent qui souffle, le Zéphyr[68].

13. La contrée est émaillée de fleurs de toute espèce, ombragée de bois touffus et délicieux. Les vignes y sont fécondes douze fois l'année, et s'y chargent chaque mois de leurs fruits. Les pêchers, les pommiers, et les autres arbres d'automne, produisent treize fois, en offrant une double récolte dans le mois consacré à Minerve. Au lieu de froment, les épis portent des pains tout prêts à manger, comme des champignons. Autour de la ville, on trouve trois cent soixante-cinq sources d'eau ; autant de miel, cinq cents de myrrhe, mais celles-ci sont plus petites, sept fleuves de lait et huit de vin.

14. Le banquet se tient hors de la ville, dans un endroit qu'ils nomment Champ Élysée. C'est une prairie délicieuse, environnée d'arbres nombreux, épais, dont le feuillage ombrage les convives, couchés sur un tapis de fleurs. Les vents sont les ordonnateurs et les ministres du festin, sans en être les échansons ; ce soin est superflu : de grands arbres du cristal de plus diaphane, rangés autour du banquet, portent des fruits, qui servent de coupes, de toute forme et de toute grandeur. Chaque convive, en arrivant au repas, cueille une ou deux de ces coupes, la place devant soi, et le vase se remplit aussitôt de vin : telle est leur manière de boire. En guise de couronnes, les rossignols et les autres oiseaux chanteurs font neiger de leurs becs sur la tête des convives des fleurs cueillies dans les prairies, et qu'ils répandent en gazouillant et en voltigeant. Quant aux parfums, des nuées épaisses, où se concentre la myrrhe des fontaines et du fleuve, demeurent suspendues au-dessus du banquet, et, doucement pressées par les vents, se résolvent en une pluie fine comme la rosée.

15. Pendant le repas, ils charment leurs loisirs avec de la musique et des chants, empruntés surtout aux poèmes d'Homère. Ce poète lui-même est assis à la table et partage le banquet, placé au-dessus

---

[68] Vent d'ouest.

d'Ulysse. Les chœurs sont composés de jeunes garçons et de jeunes filles : ils sont conduits et dirigés par Eunomus de Locres[69], Arion de Lesbos, Anacréon et Stésichore. Je l'ai vu là, en effet, réconcilié avec Hélène. Quand ces premiers chants ont cessé, vient un second chœur de cygnes, d'hirondelles, de rossignols ; et, pendant qu'ils chantent, la forêt tout entière, agitée par les vents, les accompagne de la flûte.

16. Mais ce qui fait surtout le charme de ce banquet, c'est qu'il y a deux sources, l'une du Rire et l'autre du Plaisir. Chaque convive, au commencement du festin, y va boire et passe ainsi le reste du repas dans le plaisir et dans le rire.

17. Je veux vous dire maintenant tous les grands hommes que j'y ai vus : d'abord, tous les demi-dieux et les héros qui ont porté les armes devant Troie, à l'exception d'Ajax de Locres : on prétend que c'est le seul qui soit châtié dans le séjour des impies[70] ; puis, parmi les barbares, les deux Cyrus, le Scythe Anacharsis, le Thrace Zalmoxis, l'Italien Numa, le Lacédémonien Lycurgue, les Athéniens Phocion, Tellus[71], et les Sept Sages, hormis Périandre. Je vis Socrate, fils de Sophronisque, babillant avec Nestor[72] et Palamède[73] : il avait autour de lui Hyacinthe de Lacédémone, Narcisse de Thespies, Hylas et plusieurs autres jolis garçons. Il me sembla qu'il était amoureux d'Hyacinthe ; tout au moins avait-il beaucoup d'apparences contre lui. Aussi dit-on que Rhadamanthe n'en est pas content, et qu'il l'a menacé à plusieurs reprises de le chasser de l'île s'il ne cessait son bavardage et ne quittait son ironie pendant le festin. Platon seul n'est point pré-

---

[69] Musicien fameux. Voy. ce qu'en raconte saint Clément d'Alexandrie, *Exhortations aux gentils,* au commencement.

[70] Parce qu'il avait violé Cassandre.

[71] Voy. Charon, 10.

[72] Fils de Nélée et de Chloris, roi de Pylos, mentor d'Achille. Prit part à l'expédition des Argonautes et au siège de Troie. Célèbre par sa sagesse, il vécut trois générations ordinaires.

[73] Fils de Nauplios et de Clyméné. Participant à la guerre de Troie, il fut accusé de trahison, et lapidé. Sa mort était le symbole de la mort injuste infligée par des comploteurs qui valaient moins que leur victime.

sent. Il habite, dit-on, sa ville imaginaire, usant de la république et des lois qu'il a écrites.

18. A l'égard d'Aristippe et d'Épicure, on leur accorde les premiers honneurs, en raison de leur douceur, de leur grâce, de leur gaieté de bons convives. Là se rencontre encore Ésope le Phrygien : il sert de bouffon aux autres. Diogène de Sinope a tellement changé d'humeur, qu'il a épousé la courtisane Laïs, et que souvent, échauffé par l'ivresse, il se lève pour danser et fait toutes les folies qu'inspire le vin. On ne voit aucun stoïcien. On prétend qu'ils sont en train de gravir le sommet escarpé de la Vertu. Nous avons entendu dire que Chrysippe n'obtiendrait la permission d'entrer dans l'île que lorsqu'il aurait pris une quatrième dose d'ellébore. On dit que les Académiciens ont l'intention de venir ; mais ils s'abstiennent encore et considèrent qu'ils n'ont pas la compréhension que cette île existe réellement ; d'ailleurs, ils redoutent, je crois, le jugement de Rhadamanthe, eux qui rejettent toute espèce de Jugement. On assure que plusieurs d'entre eux ont pris leur élan pour suivre ceux qui venaient ici, mais que leur lenteur les empêche d'arriver, ou que, faute de compréhension, ils sont restés à mi-route et revenus sur leurs pas.

19. Tels étaient les plus illustres des assistants. Les plus grands honneurs sont accordés à Achille, puis à Thésée. Voici maintenant leur façon de penser sur le commerce et les plaisirs de l'amour. Ils se caressent devant témoins, aux yeux de tous, hommes ou femmes, et n'y voient aucun mal. Socrate seul attestait par serment que c'était sans arrière-pensée impure qu'il recherchait les jeunes gens ; mais tous l'accusaient de se parjurer. Souvent Hyacinthe et Narcisse convenaient du fait, Socrate le niait toujours. Toutes les femmes sont en commun, et nul n'y jalouse son voisin : ils sont en cela des Platoniciens accomplis ; les petits garçons accordent tout ce qu'on veut et ne refusent jamais.

20. Deux ou trois jours s'étaient à peine écoulés, que, rencontrant le poète Homère, et nous trouvant tous les deux de loisir, je lui de-

mandai, entre autres choses, d'où il était, disant que c'était encore chez nous un grand objet de discussion. Il me répondit qu'il savait bien que les uns le croyaient de Chios, les autres de Smyrne, un grand nombre de Colophon ; mais que cependant il était babylonien, et que, chez ses concitoyens, il ne se nommait pas Homère, mais Tigrane, qu'ayant été envoyé en otage chez les Grecs, il avait alors changé de nom. Je lui fis quelques questions relatives aux vers retranchés de ses poèmes, s'il les avait réellement écrits. Il me répondit que tous étaient de lui. Je ne pus alors m'empêcher de blâmer les mauvaises plaisanteries des grammairiens Zénodote et Aristarque. Après qu'il eut satisfait ma curiosité sur ce point, je lui demandai pourquoi il avait commencé son poème par «Colère» ; il me répondit que cela lui était venu à l'esprit sans qu'il y songeât. Je désirais aussi vivement savoir s'il avait composé l'*Odyssée* avant l'*Iliade*, comme beaucoup le prétendent. Il me dit que non. Quant à savoir s'il était aveugle, ainsi qu'on l'assure, je n'eus pas besoin de m'en enquérir : il avait les yeux parfaitement ouverts, et je pus m'en convaincre par moi-même. Souvent, en effet, je venais converser avec lui, quand je le voyais inoccupé ; je l'abordais, je lui faisais une question et il s'empressait d'y répondre, surtout depuis le procès qu'il avait gagné sur Thersite. Celui-ci lui avait intenté une accusation pour injures, parce qu'il s'était moqué de lui dans son poème ; mais Homère fut absous, défendu par Ulysse.

21. A peu près vers cette époque, arriva Pythagore de Samos, qui, après avoir subi sept métamorphoses, et vécu dans autant de corps différents, avait achevé les périodes assignées à l'âme. Son côté droit était tout d'or. On le jugea digne d'être admis dans ce séjour fortuné, mais il y eut quelque incertitude sur le nom qu'il fallait lui donner, Pythagore ou Euphorbe[74]. Empédocle vint aussi, le corps tout rôti et couvert de brûlures[75] ; on ne voulut pas le recevoir, malgré ses supplications.

---

[74] Euphorbos, «le bien nourri».
[75] Empédocle était réputé avoir disparu dans l'Etna.

22. Bientôt arriva le temps où l'on célèbre les jeux des Thanatusies[76] ; Achille les présidait pour la cinquième fois et Thésée pour la septième. Comme il serait trop long de les raconter en détail, je dirai en somme que Carus, descendant d'Hercule, remporta le prix de la lutte sur Ulysse, qui lui disputait la couronne. Le prix du pugilat fut partagé entre Arius l'Égyptien, dont le tombeau est à Corinthe, et Épéus, qui combattirent avec un égal succès. Il n'y a point de prix pour le pancrace[77] ; quant à la course, je ne m'en rappelle plus le vainqueur. Parmi les poètes, Homère l'emportait réellement de beaucoup sur les autres ; on couronna cependant Hésiode : les prix de tous les combats sont des couronnes de plumes de paon.

23. Les jeux étaient à peine finis, lorsqu'on annonça que les scélérats, châtiés dans le séjour des impies, avaient brisé leurs chaînes, renversé leur garde, et menaçaient d'envahir l'île des Bienheureux. A leur tête marchaient, dit-on, Phalaris d'Agrigente[78], l'Égyptien Busiris[79], Diomède de Thrace[80], Sciron[81] et Pityocampte[82]. A cette nouvelle, Rhadamanthe fait ranger les héros sur le rivage : ils sont commandés par Achille, Thésée et le fils de Télamon, Ajax, guéri de sa folie. On en vient aux mains, la lutte s'engage, et les héros sont vainqueurs, grâce surtout à la belle conduite d'Achille. Socrate se comporta brillamment à l'aile gauche et fit des exploits supérieurs à ceux de son vivant devant Délium[83]. Loin de prendre la fuite, à l'approche

---

[76] Fêtes des morts.

[77] Mélange de lutte et de pugilat. «Dans le pancrace, non-seulement on avait droit d'employer toutes les secousses et toutes les ruses pratiquées dans la lutte, on pouvait encore emprunter le secours des poings et des pieds, même des dents et des ongles, pour vaincre son adversaire.» Rollin, *Hist. anc., Œuvres*, t. v, p. 72.

[78] Inventeur d'un taureau de bronze dans lequel il faisait rôtir ses ennemis.

[79] Roi d'Égypte dans la légende grecque. Il était réputé très cruel.

[80] Roi réputé faire dévorer par ses juments les étrangers qui parvenaient dans son pays.

[81] Corinthien, fils de Pélops. Installé sur le territoire de Mégare, il jetait les passants dans la mer. Une monstrueuse tortue les y dévorait.

[82] Sinis, fils de Neptune et de Sylée. Brigand célèbre qui habitait l'isthme de Corinthe. Le surnom de Pityocampte «Le courbeur de pins» lui avait été donné, parce qu'après avoir dépouillé les voyageurs, il les attachait à deux pins courbés l'un vers l'autre, qui les déchiraient, en se relevant.

[83] Voy. nos annotations à l'*Apologie de Socrate*, édition Hachette, p. 37.

de l'ennemi, il ne changea pas même de visage. Aussi lui donna-t-on ensuite, pour prix spécial de sa valeur, un grand et magnifique jardin, dans un faubourg de la ville. Il y réunit ses amis pour y converser avec eux, et donna à cet endroit le nom de Nécracadémie[84].

24. Cependant les vaincus sont faits prisonniers et renvoyés chargés de fers, afin de subir une punition plus terrible encore. Homère célébra ce combat dans un poème qu'il me remit à mon départ pour l'apporter à mes compatriotes ; mais je l'ai perdu plus tard avec bien d'autres choses. Il commençait par ce vers :

Muse, dis le combat des héros chez les morts.

On fit ensuite cuire des fèves, suivant l'usage du pays quand on a remporté une victoire, et l'on célébra un repas triomphal avec une grande fête. Pythagore seul n'y prit aucune part, et se tint à l'écart sans manger, à cause de son aversion pour les fèves.

25. Déjà six mois s'étaient écoulés, et nous étions au milieu du septième, lorsqu'il survint un événement imprévu. Cinyre[85], fils de Scintharus, garçon bien fait et de jolie figure, était devenu depuis longtemps amoureux d'Hélène, qui, de son côté, laissait entrevoir la passion la plus vive pour ce jeune homme. Souvent ils se faisaient des signes pendant le repas, buvaient à la santé l'un de l'autre, et se levaient de la table pour aller s'égarer tête à tête dans la forêt. Vaincu par la violence de son amour et par la difficulté de le satisfaire, Cinyre forma le projet d'enlever Hélène et de s'enfuir avec elle. Elle y consentit et ils résolurent de se réfugier dans quelqu'une des îles voisines soit à Phello, soit à Tyrœssa[86]. Ils avaient mis depuis longtemps dans le secret trois de mes compagnons les plus déterminé. Mais Cinyre n'en avait rien dit à son père : il se doutait bien que celui-ci mettrait

---

[84] Académie des morts.
[85] « Gémissant, plaintif, » nom qui convient bien à un soupirant.
[86] Lucien avait parlé de cette île au § 3, mais sans nous en dire le nom, qui signifie : « semblable à du fromage ».

obstacle à ses desseins. Comme ils l'avaient conçu, ils exécutent leur projet. La nuit venue, au moment où j'étais absent et endormi dans la salle du festin, ils arrivent à l'insu de tous, emmènent Hélène avec eux et se hâtent de gagner le large.

26. Vers minuit, Ménélas venant à se réveiller s'aperçoit que sa femme n'est plus dans son lit, pousse de grands cris, va trouver son frère et se rend avec lui au palais de Rhadamanthe. A la pointe du jour, les espions viennent rapporter qu'ils ont aperçu le vaisseau déjà fort loin. Aussitôt Rhadamanthe fait monter cinquante héros sur un navire taillé d'un seul morceau d'asphodèle[87], et leur ordonne de poursuivre les fugitifs. Ils partent et font si bien qu'ils les atteignent vers midi, au moment où ils entraient dans l'océan de lait, auprès de Tyrœssa : tant ils étaient près d'échapper ! Les héros attachent leur navire avec des chaînes de roses et les ramènent au port. Hélène pleurait, rougissait, se couvrait le visage. Rhadamanthe interroge Cinyre et ses complices, pour savoir si quelque autre n'avait pas trempé dans le complot : ils répondent qu'ils sont seuls coupables ; alors on les fait lier par les parties honteuses, et fouetter de mauves ; puis on les relègue dans le séjour des impies.

27. En même temps, on décrète que nous ayons à quitter l'île au plus tôt, et l'on ne nous accorde de rester que jusqu'au lendemain. J'étais désolé, je versais des larmes, en voyant quels biens j'abandonnais pour recommencer une vie errante. Les Bienheureux me consolèrent en me disant que je reviendrais les voir dans peu d'années, et ils m'indiquèrent mon futur trône et mon lit de table, auprès des plus éminents. Pour moi, j'allai trouver Rhadamanthe, et je le suppliai instamment de me révéler l'avenir et de m'enseigner la route à suivre. Il me dit que je reverrais ma patrie, mais après de longues erreurs et de grands dangers. Jamais il ne voulut déterminer le temps de mon retour ; et, me montrant plusieurs îles (on en voyait cinq et une sixième plus éloignée que les autres) : «Ces îles que tu vois près d'ici, ajouta-

---

[87] De la famille des liliacées, l'asphodèle est une plante à bulbe !

t-il, et d'où sort une flamme continuelle, sont les Îles des Impies ; la sixième est la ville des Songes. Ensuite on trouve l'île de Calypso, mais tu ne peux encore la découvrir. Quand tu les auras passées, tu trouveras un vaste continent, opposé au vôtre. Là il t'arrivera une foule d'aventures, tu traverseras divers pays, tu voyageras chez des hommes sauvages, et tu débarqueras enfin dans l'autre continent. »
Ainsi parla Rhadamanthe.

28. En achevant ces mots, il arrache de terre une racine de mauve, me la présente et m'ordonne d'invoquer cette plante dans les dangers les plus pressants. Surtout il me recommande, si jamais j'arrivais à cette terre, de ne jamais remuer le feu avec l'épée, de m'abstenir de lupins, de ne jamais avoir commerce avec un garçon de plus de dix-huit ans ; qu'en me souvenant de ces préceptes, je pouvais conserver l'espoir de revenir à l'île des Bienheureux. Dès ce moment je fis tous les préparatifs du départ ; à l'heure du repas, j'allai me mettre encore à table avec les habitants. Le lendemain je m'approchai du poète Homère, et je le priai de me faire une inscription en distiques : il la fit ; j'élevai aussitôt une colonne de béryl[88] sur le port, et j'y gravai ces deux vers :

Lucien favorisé par les dieux immortels
Vit ces lieux et retourne aux foyers paternels.

29. Ce fut notre dernière journée : le lendemain nous mettons à la voile ; les héros nous font la conduite ; et Ulysse, s'approchant de moi, me remet, à l'insu de Pénélope, une lettre adressée à Calypso, dans l'île d'Ogygie. Rhadamanthe nous donne pour nous conduire le pilote Nauplius, afin que, si nous étions portés sur les îles voisines, personne ne nous arrête sous prétexte de navigation suspecte. A peine sortions-nous de l'atmosphère embaumée, que nous sommes saisis d'une odeur insupportable d'asphalte, de soufre et de poix brûlés ensemble : en même temps, il nous arrive comme un fumet

---

[88] Variété d'émeraude couleur d'eau de mer.

atroce, dégoûtant, d'hommes que l'on fait rôtir : une vapeur obscure, ténébreuse, fond sur nous sous la forme d'une rosée de goudron ; puis nous entendons un grand bruit de fouets et un immense concert de voix gémissantes.

30. Nous n'abordons point à toutes ces îles, mais seulement à l'une d'elles, dont voici la description. Environnée tout entière de bords à pic et dénudés, hérissée de roches et de pointes, elle n'a ni arbres ni eau. Cependant, en nous glissant avec effort le long des précipices, nous nous avançons, par un sentier plein de ronces, embarrassé d'épines, jusqu'à une contrée affreuse et de là nous arrivons à la prison, au lieu même des supplices.

Le premier aspect de cet endroit nous frappe d'étonnement. Partout s'élève du sol comme une moisson d'épées et de dards : trois fleuves l'environnent, l'un de fange, l'autre de sang ; le dernier, placé au centre, est de feu : il se déroule immense, infranchissable ; il coule comme de l'eau, et ses flots s'agitent comme ceux de la mer. Il contient un grand nombre de poissons, dont les uns ressemblent à des tisons enflammés, les autres, plus petits, à des charbons ardents ; on les appelle lychnisques (Petites lampes).

31. Il n'y a qu'une entrée fort étroite pour pénétrer à l'intérieur : elle est gardée par Timon d'Athènes. On nous laissa passer cependant sous la conduite de Nauplius, et nous vîmes châtier tout ensemble nombre de rois et de particuliers, dont quelques-uns même nous étaient connus. Ainsi nous aperçûmes Cinyre suffoqué par la fumée et suspendu par les parties. Nos guides nous apprenaient les actions de tous ces criminels, et la cause pour laquelle ils étaient punis. Les plus cruels châtiments sont réservés à ceux qui ont menti pendant leur vie, et qui ont écrit des récits imposteurs. Parmi eux étaient Ctésias de Cnide, Hérodote et plusieurs autres. En les voyant, j'ai eu bon espoir pour l'avenir, moi qui n'ai à me reprocher aucun mensonge.

32. Revenu vite à notre vaisseau, car je ne pus supporter davan-

tage un tel spectacle, je fis mes adieux à Nauplius et je repris la mer. Bientôt nous voyons à peu de distance l'île des Songes, entourée de ténèbres et difficile à distinguer. Semblable aux songes mêmes, elle s'éloignait à notre approche, fuyait et paraissait s'évanouir. Enfin nous la tenons, et nous entrons dans le port, nommé Port du sommeil, tout près des portes d'ivoire, à l'endroit où s'élève le temple d'Alectryon[89]. Nous y débarquons le soir, nous pénétrons dans la ville, où nous voyons une foule de songes de toute espèce. Parlons d'abord de cette ville, que personne n'a décrite avant moi. Homère seul en a fait mention[90]; mais ce qu'il a dit n'est pas exact.

33. Elle est entièrement entourée d'une forêt composée de grands pavots et de mandragores, et remplie d'une infinité de chauves-souris, seul être ailé qui se trouve dans l'île. Tout près coule un fleuve, nommé par les habitants Nyctiporus (Qui coule la nuit), formé de deux sources voisines des portes : l'une s'appelle Négrétos et l'autre Panychie[91]. L'enceinte de la ville, haute et de couleur changeante ressemble à l'écharpe d'Iris ; elle n'a pas deux portes, comme dit Homère, mais quatre, dont deux regardent la plaine de la Mollesse : l'une est de fer, l'autre d'argile ; c'est par elles que sortent, dit-on, les songes effrayants, ensanglantés, cruels ; les deux autres portes sont près du port, et tournent du côté de la mer : l'une est de corne, l'autre d'ivoire : c'est par celle-ci que nous étions entrés. En arrivant dans la ville, on trouve à droite le temple de la Nuit : c'est leur principale divinité, avec Alectryon, dont le temple est voisin du port ; à gauche est le palais du Sommeil : il est le roi de la contrée et gouverne par l'intermédiaire de deux satrapes, Taraxion (Le troubleur, celui qui donne le vertige), fils de Matéogène (Vaine naissance), et Plutoclès (Riche en gloire), fils de Phantasion (Fantaisiste, évaporé). Au milieu de la place publique il y a une fontaine qu'on appelle Caréotis, et à côté deux temples, celui de la Tromperie et celui de la Vérité. Ils ont chacun un sanctuaire et un

---

[89] Le coq. Nous retrouverons son histoire dans *le Songe ou le Coq*.
[90] *Odyssée*, XIX, v. 562.
[91] Qui ne veille point ; qui dort toute la nuit. Ce dernier mot est une épithète homérique. Voy. Homère, *Iliade*, II, v. 2.

oracle, dont le prêtre est Antiphon, qui interprète les songes, et qui a été investi de ce privilège par le Sommeil.

34. Les Songes n'ont ni la même nature ni la même forme ; les uns sont longs, beaux, agréables ; les autres sont courts et laids ; ceux-ci paraissent d'or, ceux-là chétifs et misérables ; quelques-uns portent des ailes, d'autres ont une physionomie étrange. On en voit qui sont parés comme pour une pompe triomphale ; ils sont déguisés en rois, en dieux et autres costumes de ce genre. Nous en reconnûmes beaucoup que nous avions déjà vus. Ceux-là nous abordèrent et nous saluèrent comme des gens de connaissance ; ils nous prirent la main, nous endormirent et nous traitèrent avec magnificence et courtoisie ; puis, après nous avoir fait la plus belle réception, ils nous promirent de nous faire rois et satrapes. Quelques-uns nous transportèrent dans notre patrie, nous firent voir nos parents et nos amis, et nous ramenèrent le même jour.

35. Il y avait trente jours et autant de nuits que nous demeurions dans cette île, nous livrant aux douceurs du sommeil et des festins, lorsque soudain un violent coup de tonnerre nous réveille : nous nous levons avec précipitation, nous prenons des vivres et nous voilà partis. En moins de trois jours nous arrivons à l'île d'Ogygie, et nous débarquons. La première chose que je fis fut d'ouvrir la lettre d'Ulysse, et j'y lus ces mots :

« Ulysse à Calypso, salut !

« Sachez qu'aussitôt après vous avoir quittée, sur le radeau que je m'étais construit, j'ai fait naufrage, et que, sauvé à grand-peine par Leucothée, je suis arrivé chez les Phéaciens[92] qui m'ont reconduit dans ma patrie, où j'ai trouvé ma femme entourée d'une foule de prétendants qui mangeaient mon bien. Je les ai tués tous, et j'ai fini par périr moi-même de la main de Télégone, ce fils que j'ai eu de

---

[92] Magicienne de l'île d'Aea. Elle s'éprit d'Ulysse qu'elle retiendra une année auprès d'elle après avoir transformé les compagnons du navigateur en pourceaux. Voy. *Odyssée*, fin du Ve chant.

Circé[93]. Je suis à présent dans l'île des Bienheureux, me repentant fort d'avoir quitté la vie que je menais près de vous et l'immortalité que vous m'aviez offerte. A la première occasion, je m'échapperai et j'irai vous retrouver.»

Tel était le contenu de cette lettre, avec quelques recommandations pour nous.

36. En m'avançant à peu de distance de la mer, je trouvai cette grotte, dont parle Homère[94], et Calypso elle-même occupée à filer de la laine. Elle prend la lettre, se met à la lire et fond en larmes; après quoi, elle nous offre l'hospitalité et nous traite avec magnificence. En même temps elle nous accable de questions sur Ulysse et sur Pénélope, si cette femme était aussi belle et aussi sage qu'Ulysse l'avait vantée auprès d'elle. A toutes ces demandes nous répondons du mieux qu'il nous est possible pour lui être agréables; puis, le soir venu, nous allons dormir près du rivage.

37. Le lendemain, nous repartons : le vent soufflait avec violence, et nous sommes assaillis par une tempête qui dure deux jours. Le troisième, nous arrivons chez les Colcikynthopirates. Ce sont des hommes sauvages, qui, des îles voisines, exercent la piraterie sur les navires en passage. Ils ont de grands navires, faits de coloquintes de six coudées de longueur: quand elles sont sèches, ils les creusent, après en avoir vidé l'intérieur, et les mettent à flot; leurs mâts sont des roseaux et leurs voiles des feuilles de coloquinte. Ils coururent sur nous, et nous attaquant avec deux navires, ils blessèrent plusieurs de nos compagnons, en nous lançant, au lieu de pierres, des pépins de coloquinte. Après une lutte indécise, qui dura jusqu'au milieu du jour, nous vîmes arriver, derrière les Colokynthopirates, la flotte des Caryonautes (Matelots de coquilles de noix): ces deux peuples sont ennemis, comme la suite le prouva ; car aussitôt que les premiers

---

[93] Télégonos, dans *la Télégonie* d'Eugamon de Cyrène, tua son père par mégarde, rapporta son corps dans l'île de Circé et épousa Pénélope.
[94] *Odyssée*, V, v. 57.

s'aperçurent de l'arrivée des autres, ils nous laissèrent là pour les aller combattre.

38. Nous déployons aussitôt notre voile et nous prenons la fuite, laissant les deux flottes aux prises. Il était évident que les Caryonautes seraient vainqueurs : ils étaient plus nombreux, puisqu'ils avaient cinq vaisseaux complètement équipés et d'une construction plus solide pour la lutte. Ces vaisseaux étaient faits de noix coupées par la moitié et vidées : chaque moitié avait quinze orgyes de longueur. Quand nous fûmes hors de leur vue, nous songeâmes à panser nos blessés, et de ce moment nous ne quittâmes plus nos armes, de peur de quelque surprise. Nous avions raison.

39. A peine le soleil venait-il de se coucher, que d'une île déserte nous voyons s'élancer sur nous une vingtaine d'hommes, montés sur de grands dauphins. C'étaient encore des pirates. Ces dauphins paraissaient des montures solides, qui se cabraient et hennissaient comme des chevaux. Quand ils furent près de nous, ils se divisèrent en deux troupes, et nous lancèrent, les uns des sépias[95] sèches, les autres des yeux de crabes ; mais ils ne tinrent pas contre nos jets de flèches et de javelots : ils furent blessés pour la plupart, et regagnèrent promptement leur île.

40. Vers le milieu de la nuit, par un temps calme, nous allons nous heurter, sans nous en apercevoir, contre un énorme nid d'alcyon, qui avait au moins soixante stades de circonférence. Au dehors flottait la femelle, couvant ses œufs, et presque aussi grosse que le nid ; en s'envolant, peu s'en fallut qu'elle ne submergeât notre navire par le vent de ses ailes : elle s'enfuit en poussant un cri plaintif. Le jour venu, nous descendons dans le nid pour le considérer : on eût dit un immense radeau, composé de gros arbres ; il y avait à l'intérieur cinq cents œufs, chacun de la grosseur d'un tonneau de Chios. On apercevait déjà sous la coquille les petits qui commençaient à croasser.

---

[95] Des seiches.

Nous coupons un de ces œufs avec une hache, et nous en faisons sortir un petit, sans plumes, mais déjà de la grosseur de vingt vautours.

41. En avançant en mer, à la distance de deux cents stades du nid de l'alcyon, des prodiges étonnants et merveilleux viennent frapper nos regards. La figure d'oie, placée à notre poupe, se met tout à coup à crier en battant des ailes, et les cheveux repoussent à notre pilote Scintharus, qui était tout à fait chauve. Mais voici le plus surprenant de tout : le mât de notre vaisseau se couvrit de bourgeons et produisit des branches, dont l'extrémité se chargea de fruits. C'étaient des figues et de gros raisins qui n'étaient point encore mûrs. A cette vue, nous sommes saisis d'étonnement ; on peut le croire, et nous supplions les dieux de détourner de nous ce que ces présages pouvaient avoir de funeste.

42. Nous n'étions pas à cinq cents stades, quand nous voyons une forêt vaste et épaisse de pins et de cyprès. Nous croyons d'abord que c'est un continent ; mais la mer était sans fond, et les arbres, sans racines, étaient plantés dans l'eau, où ils se tenaient immobiles et droits, ayant l'air de flotter. Nous nous approchons, et, voyant la chose de près, nous sommes incertains sur le parti que nous devons prendre. Il était impossible, en effet, de naviguer, à travers ces arbres, qui formaient comme un tissu serré, et, d'autre part, il n'était pas plus facile de revenir sur nos pas. Je monte sur un des arbres les plus élevés pour examiner ce qu'il pouvait y avoir de l'autre côté de la forêt ; je vois qu'elle ne s'étendait guère au-delà de cinquante stades, et qu'ensuite la mer reparaissait à perte de vue. Nous prenons alors le parti de hisser notre vaisseau. jusqu'au sommet des arbres, qui étaient très touffus, et de gagner ainsi l'autre mer, si nous ne trouvions point d'obstacle. Nous nous mettons à l'œuvre. Nous attachons un grand câble à notre vaisseau ; puis, montés sur les arbres, nous le tirons à nous. Après bien des efforts, nous le posons sur les branches, et, la voile déployée, nous nous mettons à naviguer, comme en pleine

mer, poussés par un bon vent. Alors je me rappelai le vers du poète Antimaque[96], qui dit quelque part :

> Tandis qu'ils naviguaient à travers les forêts.

43. Nous parvenons enfin à traverser ce bois, et nous arrivons à l'eau, dans laquelle nous faisons redescendre notre navire par un semblable moyen. La mer où nous voguions était pure et transparente ; mais notre course est interrompue soudain par une ouverture immense, qu'avait formée la séparation de l'eau. On eût dit un de ces gouffres qu'on voit parfois s'ouvrir à la suite d'un tremblement de terre. Nous carguons la voile, et notre vaisseau s'arrête avec quelque peine, au moment même où nous allions être engloutis. Nous allongeons la tête pour regarder dans l'abîme : c'était une profondeur de plus de mille stades, terrible, effrayante ; l'eau se tenait droite, comme coupée en deux morceaux. En regardant autour de nous, nous apercevons sur la droite, à peu de distance, un pont formé par l'eau, et qui, joignant les deux bords, faisait communiquer chacune des deux mers avec l'autre. Nous virons de ce côté, et, forçant de rames, nous parvenons, avec bien de la peine, à traverser le pont, contre toute attente.

44. A partir de là, nous entrons dans une mer fort calme, et nous arrivons à une île peu considérable, mais d'un abord facile ; elle était habitée par des hommes sauvages nommés Bucéphales (Têtes de bœufs), qui avaient le front armé de cornes, et tels qu'on représente le Minotaure. Nous y descendons pour faire de l'eau et rafraîchir, s'il était possible, nos vivres, qui commençaient à nous manquer. Nous trouvons de l'eau tout près du rivage, mais nous ne voyons pas autre chose ; nous entendons seulement un grand mugissement à peu de distance. Persuadés que c'était un troupeau de bœufs, nous faisons quelques pas en avant, et nous rencontrons les hommes dont j'ai parlé. Dès qu'ils nous aperçoivent, ils se mettent à notre pour-

---

[96] Voy. A. Pierron, *Hist. de la litt. gr.*, p. 288. Cf. Quintilien, X, I, 53.

suite, ils prennent trois de nos compagnons : le reste de notre troupe s'enfuit vers la mer. Là, nous prenons nos armes, résolus de venger nos camarades ; nous tombons sur les Bucéphales, qui déjà se partageaient les chairs de leurs prisonniers ; nous les effrayons, et, nous mettant à leur poursuite, nous en tuons une cinquantaine, nous en prenons deux vivants, et nous retournons au rivage avec nos captifs. Cependant nous n'avions pas trouvé de vivres ; plusieurs d'entre nous voulaient qu'on égorgeât les hommes que nous avions pris. Je ne fus point de cet avis ; je les fis entraîner et garder à vue, jusqu'à ce qu'il nous arrivât des envoyés des Bucéphales, pour traiter de leur rançon. Nous voyions, en effet, que ceux-ci nous faisaient des signes, et nous les entendions produire une espèce de mugissement plaintif qui ressemblait à une prière. La rançon fut un grand nombre de fromages, des poissons secs, des oignons et quatre cerfs, faits de telle sorte qu'ils n'ont que trois pieds, deux derrière et ceux de devant réunis en un seul. A ce prix, nous rendons les captifs, et, après être demeurés encore un jour dans l'île, nous reprenons notre voyage.

45. Déjà l'on voyait paraître des poissons, des oiseaux qui voltigeaient, et tous les signes qui indiquent le voisinage de la terre, quand nous apercevons bientôt des hommes qui se livraient à un nouveau genre de navigation. Ils étaient à la fois navires et matelots. Je vais dire comment. Couchés sur le dos, ils tiennent droit leur phallus, qui est fort grand, et y attachent une voile ; puis, la bouline[97] en main, ils prennent le vent et gagnent le large ; d'autres, assis sur des morceaux de liège, auxquels sont attelés deux dauphins, conduisent et dirigent au moyen de la bride ces animaux qui entraînent le liège avec eux. Ces navigateurs ne nous firent aucun mal et ne s'enfuirent point à notre approche ; ils nous abordèrent sans crainte, amicalement, et paraissaient très surpris de notre manière de naviguer, dont ils examinaient avec soin tous les détails.

46. Le soir, nous arrivons à une île peu considérable, toute peuplée

---

[97] Corde qui permet de maintenir la voile de biais, lorsqu'on fait route avec un vent de travers.

de femmes, du moins paraissant telles, et parlant la langue grecque ; elles approchent de nous, nous tendent la main et nous embrassent ; elles étaient parées comme des courtisanes, toutes jeunes et jolies, vêtues de tuniques qui descendaient jusqu'aux talons. L'île s'appelle Cabaluse[98], et la ville Hydamardie (Qui fond en eau ?). Chacune de ces femmes, ayant pris l'un de nous, le conduisit chez elle et lui donna l'hospitalité. Pour ma part, j'hésitai, ne pressentant rien de bon ; et un regard attentif me fit voir les ossements et les crânes d'un grand nombre d'hommes. J'allais crier, appeler à l'aide mes compagnons et courir aux armes, mais je préférai n'en rien faire. Seulement je saisis ma racine de mauve, et je la supplie de me dérober aux dangers dont je suis menacé. Un instant après, tandis que mon hôtesse s'occupait à me servir, je vois que ses jambes ne sont pas celles d'une femme, mais qu'elle a le pied d'un âne. Je tire mon épée, je saisis mon hôtesse, je la lie et lui fais tout avouer. Elle résiste, mais elle finit par me dire qu'elles sont des femmes marines, nommées Onoscèles (Jambes d'âne), et qu'elles dévorent les étrangers qui abordent chez elles. «Nous les enivrons, ajoute-t-elle, nous les faisons coucher avec nous, et nous les égorgeons pendant leur sommeil.» A ces mots, je laisse là cette femme tout enchaînée, je monte sur le toit, et je crie de toutes mes forces pour appeler mes compagnons. Quand ils sont tous arrivés, je leur dis ce qu'il en est, je leur montre les ossements et je les conduis auprès de ma prisonnière ; mais elle se change en eau et disparaît. De mon côté, je plonge mon épée dans cette eau, à tout hasard, et il en sort du sang.

47. Nous nous hâtons alors de regagner le navire, et nous partons. Au point du jour, nous apercevons un continent, qui nous paraît être la terre opposée à la nôtre : nous l'adorons, nous lui adressons des prières, et nous délibérons sur le parti que nous devons prendre. Les uns sont d'avis d'y descendre quelques instants, puis de revenir sur nos pas ; les autres, de laisser là notre navire et de pénétrer dans l'intérieur du pays, pour en connaître les habitants. Tandis que nous

---

[98] Pour *katabaloèsa*, c'est-à-dire «renversant à terre (?)».

délibérons, une violente tempête s'élève, pousse notre vaisseau contre le rivage et le brise. A peine avons-nous le temps de nous sauver à la nage, en emportant nos armes et tout ce que chacun de nous peut saisir.

Telles sont, jusqu'à notre arrivée à cette nouvelle terre, mes diverses aventures sur mer, durant notre navigation à travers les îles, en l'air, dans la baleine; puis, après notre sortie, chez les héros et parmi les Songes, et enfin chez les Bucéphales et les Onoscèles. Quant à ce qui s'est passé sur cette terre, je le raconterai dans les livres suivants[99].

---

[99] «Ou ces livres sont perdus, ou jamais Lucien ne les a écrits; mais le neveu de d'Ablancourt a continué cette histoire, et d'Ablancourt a fait imprimer cette continuation à la fin de sa traduction.» Belin de Ballu.

ICAROMÉNIPPE OU LE VOYAGE AU-DESSUS DES NUAGES

MÉNIPPE, UN AMI

Oui, il y avait bien trois mille stades[100] de la terre à la lune, où j'ai fait ma première halte ; de là au soleil, on monte à peu près cinq cents parasanges[101], et du soleil jusqu'au ciel même, et à la citadelle escarpée de Jupiter, il peut y avoir une bonne journée pour un aigle au vol rapide.

L'AMI

De grâce, Ménippe, que veut dire ce calcul astronomique ? Que mesures-tu là tout bas ? Il y a déjà quelque temps que je te suis et je t'entends parler de soleils et de lunes, et prononcer les mots bizarres de haltes et de parasanges.

MÉNIPPE

Ne sois pas étonné, mon cher, si je te parais t'entretenir d'objets sublimes et célestes ? Je calculais, en moi-même, le chemin que j'ai fait dans mon dernier voyage.

L'AMI

Alors, mon ami, suivant l'exemple des Phéniciens, tu réglais ta route d'après les astres ?

MÉNIPPE

Non, par Jupiter ! c'est dans les astres mêmes que j'ai voyagé.

---

[100] 5400 km.
[101] 2700 km (Le parasange, mesure perse, équivalait à 30 stades soit 5,4 km).

L'AMI

Par Hercule! tu nous parles là de quelque songe interminable si, sans t'en apercevoir, tu as dormi des parasanges entières.

MÉNIPPE

Oui, j'ai l'air, mon ami, de te raconter un songe, et cependant j'arrive à l'instant de chez Jupiter.

L'AMI

Que dis-tu? Ménippe envoyé de Jupiter nous arrive du haut des cieux?

MÉNIPPE

Oui, moi qui te parle, je descends aujourd'hui même de chez le grand Jupiter, où j'ai vu et entendu des choses merveilleuses; et si tu refuses d'y croire, je serai enchanté, puisque j'aurai joui d'un bonheur incroyable.

L'AMI

Et comment oserais-je, divin et olympien Ménippe, faible et triste mortel que je suis, refuser de croire un homme élevé au-dessus des nuages, et qui, pour parler avec Homère, est l'un des Uraniens[102]? Cependant je te prie de me dire par quel moyen tu as pu monter dans les airs. Où as-tu trouvé une échelle assez haute? Car, pour ce qui est de la figure, tu ne ressembles pas beaucoup au berger phrygien[103], en sorte que nous ne pouvons supposer que tu aies été enlevé par un aigle pour remplir au ciel le ministère d'échanson.

MÉNIPPE

Je vois bien que tu veux te moquer de moi, et je ne suis pas surpris qu'un récit aussi extraordinaire te paraisse ressembler à une fable.

---

[102] Voy. Homère, *Iliade*, II, v. 670, et autres passages.
[103] Ganymède. Il était réputé pour son extrême beauté.

Mais sache que, pour m'élever dans les cieux, je n'ai eu besoin ni de me servir d'échelle, ni d'être le mignon d'un aigle, j'ai volé de mes propres ailes.

L'AMI

Voilà qui est infiniment plus fort que Dédale, et je ne savais pas qu'en outre tu avais été métamorphosé en vautour ou en geai.

MÉNIPPE

Bien visé, mon ami; tu as presque atteint le but. A l'exemple de Dédale, je me suis aussi fabriqué une paire d'ailes.

L'AMI

Comment, téméraire, tu n'as pas eu peur de tomber dans quelque mer qu'on eût appelée Ménippéenne, comme nous avons déjà la mer Icarienne?

MÉNIPPE

Non, sans doute, Icare attacha ses ailes avec de la cire, qui se fondit bientôt à la chaleur du soleil; les plumes se détachèrent, et il dut nécessairement tomber, au lieu que mes ailes n'avaient pas de cire.

L'AMI

Explique-toi. Déjà, sans m'en rendre compte, je me sens amené à croire que ce que tu dis est vrai.

MÉNIPPE

Voici le fait. J'ai pris un aigle et un vautour de la plus grosse espèce, je leur ai coupé les ailes avec les épaules mêmes, et... Mais si tu as le temps de m'entendre, il vaut mieux que je remonte au point de départ de cette invention.

L'AMI

Très volontiers; tes discours me mettent tout en l'air, et je demeure la bouche béante pour en entendre la fin. Ainsi, au nom du dieu des amis, ne me laisse pas au haut de ta narration, quand tu m'y auras suspendu par les oreilles.

MÉNIPPE

Écoute donc : car je sais qu'il n'est pas de bon ton de laisser son ami la bouche ouverte, surtout quand il est, comme tu dis, suspendu par les oreilles. Les premiers regards que je jetai sur la vie humaine m'ayant fait voir que tout ici-bas est ridicule, misérable, sans consistance, je veux dire les richesses, les dignités, le pouvoir ; le mépris que m'inspirèrent ces objets dont je considérais la recherche comme un obstacle à l'étude de ceux qui sont vraiment dignes de nos soins, me fit diriger les yeux vers la contemplation de l'univers. Mais d'abord, je tombai dans un grand embarras, quand je considérai ce que les philosophes appellent le monde : je ne pouvais découvrir comment il avait été formé, quel en était l'ouvrier, le principe, la fin. Puis, en l'examinant en détail, mon doute ne faisait que redoubler. Lorsque je voyais les astres semés au hasard dans le ciel, et le soleil lui-même, je désirais vivement savoir à quoi m'en tenir sur leur nature. Les phénomènes que présente la lune me paraissaient encore plus singuliers et tout à fait étranges ; la diversité de ses phases me paraissait provenir d'une cause inexplicable. Enfin, la rapidité de l'éclair sillonnant la nue, le roulement du tonnerre, la chute de la pluie, de la neige, de la grêle, tout cela me semblait inaccessible à la conjecture et à la démonstration.

Dans cette disposition d'esprit, je crus que le meilleur parti était de m'adresser aux philosophes, pour éclaircir tous mes doutes. Je m'imaginais qu'ils pourraient me dire à cet égard toute la vérité. Je choisis donc ceux qui me parurent les plus instruits, à en croire l'austérité de leur physionomie, leur teint pâle, la largeur de leur barbe. Certains d'entre eux, en effet, me parurent immédiatement hauts parleurs, et versés dans les secrets du ciel. Une fois entre leurs mains, moyennant une grosse somme, moitié comptant, moitié à payer quand je serais arrivé au faîte de la sagesse, je leur demandai qu'ils m'apprissent à devenir spéculateur en l'air, et à connaître l'organisation du monde.

Mais, bien loin de dissiper mon ancienne ignorance, ils me jetèrent dans des perplexités plus grandes encore, ne m'entretenant que de principes, de fins, d'atomes ; de vides, de matières, d'idées, et de mille autres choses, dont ils me rebattaient chaque jour les oreilles. Et le plus embarrassant pour moi, c'est que, la doctrine de l'un n'ayant aucun rapport avec celle de l'autre, et leurs opinions étant contraires et diamétralement opposées, ils voulaient cependant tous me convaincre, et chacun d'eux essayait de m'attirer à son sentiment particulier.

L'AMI

Ce que tu dis là m'étonne. Comment des gens qui se piquent de sagesse peuvent-ils se disputer à propos de ce qui est et ne pas avoir la même opinion sur les mêmes choses ?

MÉNIPPE

Oh, mon cher ami, tu rirais bien, si tu connaissais leur forfanterie et le charlatanisme de leurs discours. Ils ont toujours vécu sur la terre ; ils ne sont pas plus élevés que nous qui rampons sur le sol[104] ; leur vue n'est pas plus perçante que celle de leur voisin ; la plupart même n'y voient goutte, soit vieillesse, soit infirmité, et cependant ils assurent qu'ils aperçoivent distinctement les bornes des cieux ; ils mesurent le soleil, marchent dans les espaces qui sont au-dessus de la lune, et, comme s'ils arrivaient des étoiles, ils en décrivent la grandeur et la forme. Souvent, si on le leur demandait, ils ne pourraient pas dire au juste combien il y a de stades de Mégare à Athènes, mais ils savent positivement de combien de coudées est l'espace qui sépare la lune du soleil ; ils mesurent la hauteur de l'air, les profondeurs de l'Océan, les circonférences de la terre, tracent des cercles, dessinent des triangles sur des carrés, avec je ne sais combien de sphères, et mesurent, ma foi, le ciel lui-même.

Mais où je vois éclater leur ignorance et leur sotte vanité, c'est qu'au lieu de ne parler que par conjecture de ces phénomènes diffi-

---

[104] Voy. Homère, *Iliade*, IV, v. 442.

ciles à comprendre, ils soutiennent leur avis avec emportement, et ne laissent personne essayer de faire prévaloir le sien. Peu s'en faut qu'ils ne jurent que le soleil est une boule de fer rouge[105], qu'il y a des habitants dans la lune, que les étoiles s'abreuvent de vapeurs tirées de la mer par le soleil, comme par une corde à puits, et distribuées également à chacune d'elles.

D'ailleurs, il est aisé de voir combien ils diffèrent d'opinions, et je te prie, par Jupiter, de remarquer si leurs doctrines se rapprochent, ou ne sont pas plutôt essentiellement opposées. D'abord ils ne s'accordent pas au sujet du monde : les uns disent qu'il est incréé et indestructible : les autres parlent, sans hésiter, et de l'ouvrier et de l'organisation de son œuvre. Mais ceux que je trouve les plus étonnants, ce sont les gens qui nous entretiennent d'un certain dieu, fabricateur de toutes choses, et qui ne peuvent dire d'où il venait, ni où il était, quand il fabriquait tout cela ; et cependant, avant l'existence de l'univers, il est impossible d'imaginer ni temps ni espace.

L'AMI

Voilà, Ménippe, des hommes bien hardis, et de fameux jongleurs !

MÉNIPPE

Et que serait-ce, mon cher, si tu entendais tout ce qu'ils débitent sur les idées et les êtres incorporels, avec leurs dissertations sur le fini et l'infini ? Car souvent il s'élève entre eux de violentes disputes les unes enveloppant tout dans un terme fini, les autres affirmant que l'infini seul existe. Ce n'est pas tout : quelques-uns d'entre eux soutiennent qu'il y a plusieurs mondes, et condamnent ceux qui enseignent qu'il n'y en a qu'un[106]. Un autre, d'humeur peu pacifique, est d'avis que la guerre est la mère de toutes choses[107].

Quant à leurs sentiments sur les dieux, qu'en pourrais-je dire ?

---

[105] Doctrine d'Anaxagore.
[106] Il raille ici Démocrite.
[107] Doctrine physique d'Empédocle.

Les uns veulent que la divinité soit un nombre[108]; il y en a qui jurent par les chiens, les oies et les platanes[109]; ceux-ci, chassant tous les autres dieux, donnent à un seul l'empire de l'univers, si bien qu'en les entendant, je fus désolé de voir cette disette de dieux. Mais quelques-uns, moins avares, assurent qu'il y en a plusieurs. Ils les divisent en plusieurs classes, appellent l'un le premier dieu, et assignent aux autres le second et le troisième rang de la divinité. Quelques-uns croient encore que la nature divine est incorporelle, et n'a ni sens ni figure; d'autres ne la conçoivent qu'avec un corps. Tous ne pensent pas également que les dieux se mêlent de nos affaires. Il en est qui, les délivrant de tout soin, comme nous avons coutume de dispenser les vieillards des charges publiques, les introduisent dans le monde comme des comparses dans une pièce de comédie. D'autres, enfin, surpassant toutes ces opinions, pensent qu'il n'y a jamais eu de dieux, et laissent le monde aller son train sans maître et sans guide.

En écoutant tout cela, je ne me sentais pas le cœur de refuser ma croyance à des hommes dont la voix était si bruyante et le menton si respectable; et, d'un autre côté, je ne savais comment faire pour ne rien trouver de répréhensible et de contradictoire dans leurs enseignements. J'éprouvais donc ce que dit Homère: souvent je me sentais pris d'un bel élan de confiance pour l'un d'eux;

Mais un autre désir triomphait de mon cœur[110].

A bout de moyens, et ne sachant de qui apprendre ici-bas la vérité sur ces matières, j'étais réduit au désespoir, lorsque je m'avisai que la seule issue offerte à mes doutes, c'était de m'attacher des ailes et de voler moi-même au ciel. Le désir que j'en avais me fit espérer de réussir. Le fabuliste Ésope[111] nous montre bien le ciel praticable à des aigles, à des escarbots, voire même à des chameaux! Mais comme il

---

[108] Pythagore.
[109] Socrate.
[110] *Odyssée*, IX, v. 302.
[111] Voy. Aristophane, *la Paix*, première scène, avec les notes de M. Artaud. Cf. La Fontaine: *l'Aigle et l'Escarbot*.

me paraissait de toute impossibilité qu'il me poussât jamais des ailes, je crus qu'en m'ajustant celles d'un vautour ou d'un aigle, les seules proportionnées à la grosseur du corps humain, je pourrais peut-être mener à bien mon entreprise. Je prends donc ces deux oiseaux, je coupe avec le plus grand soin l'aile droite de l'aigle et l'aile gauche du vautour, je les attache à mes épaules avec de fortes courroies, puis ajoutant à leurs extrémités deux espèces de poignées pour les tenir dans mes mains, je m'essaye à voler[112]. D'abord je ne fais que sauter en m'aidant des mains, et, comme les oies, je vole terre à terre, en marchant sur la pointe des pieds et en étendant les ailes ; puis, voyant que la chose me réussissait, je tente une épreuve plus hardie, je monte sur la citadelle, je me jette en bas et vole jusqu'au théâtre.

Comme j'avais fait ce trajet sans danger, je résolus d'élever mon vol dans les hautes régions du ciel. Je m'élance du Parnèthe[113] ou de l'Hymette jusqu'au Géranée[114], de là je plane jusqu'à la citadelle de Corinthe ; et, passant par-dessus les monts de Pholoé et l'Erymanthe, j'arrive au Taygète[115]. L'exercice augmentant ma hardiesse, je devins bientôt passé maître en fait de vol, et je résolus de m'élancer plus haut que les simples oiseaux. Je monte sur l'Olympe, et, après avoir pris une provision de vivres la plus légère possible, je m'élance droit au ciel. L'abîme me donna d'abord le vertige ; mais bientôt tout alla pour le mieux. Arrivé à la lune, après avoir traversé un grand nombre de nuages, j'éprouvai un peu de fatigue, surtout dans l'aile gauche, celle du vautour ; je fis donc un temps d'arrêt à cet astre, et, m'y asseyant pour prendre quelque repos, je jetai d'en haut mes regards sur la terre, comme le Jupiter homérique[116], promenant mes yeux tantôt sur les Thraces dompteurs de coursiers, tantôt sur les Mysiens, puis,

---

[112] Cf. *le Roman d'Alexandre*, page 262, édition de H. Michelant, Stuttgart, 1846 ; et notre *Essai sur la légende d'Alexandre le Grand*, pages 162 et suivantes.

[113] Chaîne de montagnes entre l'Attique et la Béotie.

[114] C'est-à-dire *Montagne des grues*, à l'entrée de l'isthme de Corinthe.

[115] Le Pholoé est une montagne d'Arcadie ; l'Érymanthe est un fleuve da même pays ; le Taygète, montagne située au nord du Péloponèse, sert de limite à la Messénie et à la Laconie.

[116] *Iliade*, XIII, au commencement.

regardant à mon gré la Grèce, la Perse et l'Inde ; or, cette vue me remplissait d'un plaisir indicible.

L'AMI

Tu vas m'en dire la cause, Ménippe, afin que nous n'omettions aucune circonstance de ton voyage, et que tu me mettes au fait des moindres incidents. Je m'attends à apprendre du nouveau sur la forme de la terre et sur tous les objets qu'elle renferme, tels qu'ils se sont offerts à ton observation.

MÉNIPPE

Tu as raison, mon ami ; et pour me bien comprendre, monte dans la lune, voyage en idée, et examine avec moi la disposition des choses qui sont sur la terre.

D'abord, figure-toi voir une terre extrêmement petite, mais beaucoup plus petite que la lune. Aussi, au premier coup d'œil, je fus fort embarrassé pour découvrir la place de nos énormes montagnes, et cette mer qui nous paraît immense. Si je n'eusse aperçu le Colosse de Rhodes et la tour de Pharos, sois bien sûr que la terre eut totalement échappé à mes regards. Mais la hauteur de ces deux monuments qui s'élèvent jusqu'aux nues, et les feux du soleil brillant sur la masse tranquille de l'Océan, me firent connaître que le point que j'apercevais était effectivement la terre. Une fois que j'y eus attentivement fixé les yeux, je découvris bientôt tous les mouvements de la vie humaine, et non seulement les nations et les villes, mais j'eus les hommes parfaitement en vue, les uns naviguant, d'autres faisant la guerre, ceux-ci labourant, ceux-là plaidant, puis les femmes, les animaux, enfin tout ce que nourrit le sein fertile de la terre.

L'AMI

Tu me dis là des choses incroyables et tout à fait contradictoires. Il n'y a qu'un instant, Ménippe, tu cherchais où était la terre ; l'éloignement la réduisait à une extrême petitesse, et, si le Colosse n'eût guidé tes yeux, peut-être aurais-tu cru voir autre chose. Comment se fait-il que, devenu tout à coup plus clairvoyant que Lyncée, tu distingues tout sur la terre, les hommes, les animaux, et peu s'en faut les nids de moucherons ?

MÉNIPPE

Tu fais bien de me le rappeler. J'ai omis, je ne sais comment, de te dire une chose essentielle. Lorsque j'eus reconnu que c'était la terre que je voyais, mais qu'il m'était impossible de rien distinguer, à cause de la distance qui gênait la portée de ma vue, j'éprouvai un vif chagrin et un grand embarras. J'étais désolé et j'allais pleurer, lorsque le philosophe Empédocle, noir comme un charbonnier, couvert de fumée, et tout rôti, se présente derrière moi. En le voyant, je l'avoue, je fus saisi de frayeur, et je le pris pour quelque démon de la lune. Mais lui :

« Rassure-toi, Ménippe, me dit-il ;

Point ne suis dieu : pourquoi me croire un immortel[117].

Je suis le physicien Empédocle. Après que je me fus précipité dans le cratère, la fumée m'a rejeté hors de l'Etna, et m'a lancé jusqu'ici ; et maintenant j'habite la lune, je marche dans les airs, je me nourris de la rosée. Je viens donc pour te tirer d'embarras. Tu es désolé, je le vois, tu es désespéré de ne pas voir ce qui se passe sur la terre ?

— Ah ! généreux Empédocle, m'écriai-je, quel service tu me rends ! Une fois de retour en Grèce, je ne manquerai pas de te faire des libations dans ma cheminée, et de t'invoquer aux Néoménies, en ouvrant bien fort la bouche.

— Par Endymion, répliqua-t-il, je ne suis pas venu ici pour un salaire ; j'ai été touché jusqu'au fond de l'âme en te voyant si chagrin. Sais-tu ce que tu as à faire pour te rendre la vue perçante ?

— Non par Jupiter ! lui dis-je, à moins que tu ne dissipes toi-même le voile étendu sur mes yeux ; car ils me semblent, en ce moment, chassieux au dernier point.

— Et cependant, dit-il, tu n'auras pas du tout besoin de moi ; tu

---

[117] Parodie d'Homère, *Odyssée*, XVI, v. 198.

as apporté de dessus la terre avec toi de quoi te procurer une vue excellente.

— Quoi donc ? lui demandai-je ; je ne sais pas ce que c'est.

— Tu ne sais pas, continua-t-il, que tu as attaché à ton épaule droite l'aile d'un aigle ?

— Oui ; mais qu'y a-t-il de commun entre cette aile et mes yeux ?

— Il y a ceci, que de tous les oiseaux, l'aigle est celui qui a la vue la plus perçante ; seul, il peut regarder le soleil en face, et c'est pour cela qu'il est roi ; on le reconnaît pour un véritable aigle, quand il soutient, sans baisser la paupière l'éclat des rayons.

— On le dit, repris-je, et déjà je me repens de ne m'être pas arraché les yeux avant de monter ici, pour mettre à leur place ceux d'un aigle. Je suis venu un peu au dépourvu et sans avoir tout l'équipement royal ; je suis dans les aiglons bâtards et déshérités.

— Eh bien ! me dit Empédocle, il ne dépend que de toi d'avoir un de tes deux yeux complètement royal[118]. Si tu veux te lever un instant, tenir en repos l'aile de vautour, et agiter seulement l'autre, ton œil droit, en rapport avec l'aile d'aigle, deviendra perçant, tandis que l'autre, qui correspond à une partie moins favorisée, ne peut, en aucune façon, voir d'une manière plus nette.

— Il me suffit, lui répondis-je, d'avoir l'œil droit aquilin ; il me semble que je n'en verrai pas plus mal ; car j'ai souvent vu, si je ne me trompe, les charpentiers ne se servir que d'un œil pour mettre leurs pièces de bois au niveau. »

A ces mots, je fis ce qu'Empédocle m'avait recommandé, et lui, de son côté, s'éloignant peu à peu, finit par s'évanouir en fumée.

A peine eus-je battu de l'aile, qu'une grande lueur m'environna, et que tous les objets cachés jusque-là se découvrirent. C'est alors que, regardant vers la terre, j'aperçus parfaitement les villes, les hommes, et ce qu'ils faisaient. Non seulement je vis ce qui se passait en plein air, mais aussi tout ce qui se pratiquait dans les maisons, où chacun

---

[118] Jeu de mots : *basilikê* veut dire à la fois royal et basilic. Or, on sait que cet animal passait pour avoir le regard perçant et pénétratif, comme disent nos vieilles légendes. Voy. Berger de Xivrey, *Traditions tératologiques*, p. 540 et suivantes ; Ferdinand Denis, *Le Monde enchanté* au mot *Basilic*.

se croyait bien caché : Ptolémée couchant avec sa sœur[119], le fils de Lysimaque tendant des embûches à son père[120] ; Antiochus[121], fils de Séleucos, faisant des signes d'intelligence à Stratonice, sa belle-mère ; le Thessalien Alexandre[122] tué par sa femme ; Antigone ayant une intrigue avec la femme de son fils ; Attale empoisonné par le sien. D'un autre côté, j'aperçus Arsace poignardant une femme, et l'eunuque Arbacès tirant son épée contre Arsace ; le Mède Spartinus traîné par les pieds hors de la salle du festin par les grands, qui l'avaient frappé à la tempe avec une coupe d'or[123]. Semblables scènes se passaient dans les palais, en Libye, chez les Scythes et chez les Thraces ; ce n'étaient qu'adultères, meurtres, embûches, brigandages, parjures, terreurs, trahisons entre parents.

Voilà le spectacle récréatif que m'offrirent les rois ; mais la conduite des particuliers était bien plus risible. En les regardant à leur tour, je vis l'épicurien Hermodore se parjurant pour mille drachmes ; le stoïcien Agathocle plaidant contre un de ses élèves pour le prix de ses leçons ; le rhéteur Clinias volant une coupe dans le temple d'Esculape, et le cynique Hérophile dormant dans un mauvais lieu. Que te dirai-je des autres, perçant les murs, plaidant, prêtant à usure, exigeant leur dû ? Ample comédie à cent actes, ayant pour scène l'univers !

L'AMI

Tu serais bien aimable, Ménippe, de m'en faire le détail ; car il paraît t'avoir procuré un plaisir peu commun.

MÉNIPPE

Te dire tout par le menu, mon doux ami, me serait chose impossible ; c'était déjà toute une affaire de le voir. Mais les principales

---

[119] Ptolémée Philadelphe épousa Stratonice sa propre sœur, dont il était amoureux. Plutarque donne à cette sœur le nom d'Arsinoé, et Théocrite celui de Bérénice.
[120] Lysimaque, l'un des successeurs d'Alexandre fit mourir Agathocle, son fils, accusé d'avoir voulu l'assassiner.
[121] Voy. *La déesse syrienne*, 17. Réédition arbredor.com, Genève, 2004.
[122] Alexandre de Phères, tué par sa femme Thébé.
[123] Nous n'avons rien trouvé de précis sur ces différents personnages.

actions ressemblaient à celles qu'Homère suppose représentées sur le bouclier[124]. Ici, c'étaient des festins et des noces ; là, des tribunaux et des assemblées ; de ce côté, l'on offrait un sacrifice ; de cet autre, on se livrait à la douleur. Chaque fois que je jetais les yeux sur les Gètes, je voyais les Gètes faisant la guerre ; si je passais chez les Scythes, je les apercevais errant avec leurs chariots ; en détournant un peu la vue vers une autre contrée, je voyais les Égyptiens labourer leurs champs ; le Phénicien poursuivait ses voyages, le Cilicien exerçait la piraterie, le Lacédémonien se fouettait, et l'Athénien plaidait.

Comme tout cela se faisait en même temps, tu juges de la confusion ! Suppose qu'on réunisse plusieurs choristes, ou plutôt plusieurs chœurs, et qu'on ordonne aux chanteurs de laisser les parties concertantes, et de chanter chacun un air à part, en s'évertuant de son mieux et en poussant sa mélodie, de manière à couvrir de toute sa voix celle de son voisin, te figures-tu, par Jupiter, quel concert on aurait là ?

L'AMI

Quelque chose, Ménippe, d'affreusement ridicule et discordant.

MÉNIPPE

Eh bien, mon cher, tous les habitants de la terre sont des choristes de cette espèce, et c'est d'une pareille cacophonie que se compose la vie humaine, non seulement leurs voix ne sont pas d'accord, mais ils diffèrent d'habits et de figure, se meuvent en sens contraires, n'ont pas les mêmes idées, jusqu'à ce que le chorège les mette chacun à leur tour hors de la scène, en leur disant qu'il n'a plus besoin d'eux. A partir de ce moment ils sont tous semblables, gardent le silence, et cessent de chanter leur air discordant et confus. En attendant, sur le théâtre divers et multiple que j'avais sous les yeux, tout ce qui se passait était vraiment risible.

Mais ce qui me faisait rire plus que le reste, c'était de voir ceux qui se querellent pour les limites d'un pays, qui regardent comme une

---

[124] *Iliade*, XVIII, v. 491.

belle prouesse de labourer la plaine de Sicyone, de s'emparer de celle de Marathon, dans la partie voisine d'Œnoé, ou de posséder mille arpents dans l'Acharnie. Toute la Grèce, en effet, ne me parut pas alors avoir en largeur plus de quatre doigts, et l'Attique n'était plus, en proportion, qu'un point imperceptible. Cela me fit réfléchir au peu de terrain qui restait aux riches, pour se donner de grands airs. En effet, celui d'entre eux qui possède le plus d'argent ne me paraissait pas avoir à labourer plus de terrain qu'un des atomes d'Épicure. De là, jetant les yeux sur le Péloponnèse et considérant la Cynosurie[125] je me rappelai pour quel pauvre petit coin de ce pays, pas plus large qu'une lentille d'Égypte, tant d'Argiens et de Lacédémoniens avaient péri en un seul jour. Enfin, quand je voyais quelque homme fier de son or, parce qu'il possédait huit anneaux et quatre coupes, j'en riais de bon cœur; car le Pangée[126] tout entier, avec ses mines, n'était pas plus gros qu'un grain de millet.

L'AMI

Heureux Ménippe! Quel merveilleux coup d'œil! Mais, au nom de Jupiter, les villes et les hommes, que te semblaient-ils de cette hauteur?

MÉNIPPE

Je pense que tu as vu quelquefois une agora de fourmis: les unes décrivent un cercle, les autres sortent, d'autres rentrent à la ville; celle-ci emporte un brin de fumier, celle-là court en tirant une cosse de fève ou un grain de blé. On peut dire qu'il y a chez elles, proportion gardée, des architectes, des démagogues, des prytanes, des artistes et des philosophes. Eh bien, les villes habitées par les hommes me parurent ressembler complètement à des fourmilières. Si cette comparaison des hommes avec la république des fourmis te paraît trop basse, songe aux anciennes légendes des Thessaliens, et tu verras que

---

[125] Champ limitrophe des Argiens et des Lacédémoniens, que ces deux peuples se disputent avec acharnement. Voy. Thucydide, livre V.
[126] Chaîne de montagnes de la Thrace et de la Macédoine, embranchement du mont Rhodope aujourd'hui Pounhardagh.

les Myrmidons, cette nation belliqueuse, doit son origine à des four-mis changées en hommes[127]. Cependant, après avoir suffisamment considéré tous ces objets, et ri de bon cœur, je battis des ailes et je pris mon vol,

Vers le séjour des dieux, du maître de l'égide[128].

Je n'avais pas encore volé la hauteur d'un stade, quand la Lune, d'une voix féminine, m'adressant la parole : «Ménippe, me dit-elle, bon voyage! Rends-moi donc service auprès de Jupiter!

— Volontiers, lui dis-je! cela ne sera pas lourd s'il n'y a rien à por-ter.

— La commission, reprit-elle, n'est pas difficile; c'est une simple requête à présenter à Jupiter de ma part. Je suis excédée, Ménippe, de toutes les extravagances que j'entends les philosophes débiter sur mon compte. Ils n'ont d'autre occupation que de se mêler de mes af-faires, qu'elle je suis, quelle est ma grandeur, pourquoi je suis tantôt coupée en deux et tantôt à demi pleine. Les uns prétendent que je suis habitée, les autres que, semblable à un miroir, je suis suspendue au-dessus de la mer. Ceux-ci m'attribuent tout ce qui leur passe par la tête. Ceux-là vont jusqu'à dire que ma lumière est voilée et bâtarde, qu'elle me vient par en haut du soleil, et ils ne cessent pas de me mettre en désunion avec lui, qui est mon frère, et d'essayer à nous brouiller. Ce n'était pas assez pour eux de parler du soleil comme ils le font, en disant que c'est une pierre, une boule de fer rouge.

Et pourtant est-ce que je ne sais pas aussi bien qu'eux à quelles actions honteuses et infâmes ils se livrent durant la nuit, ces hommes qui prennent, le jour, un visage sévère, dont le regard est si imposant, la démarche si grave, et qui attirent sur eux les regards de la foule? Je les vois et je me tais, car je ne crois pas décent de découvrir et d'éclai-rer leurs passe-temps nocturnes et la comédie de leur conduite. Au contraire, si je vois quelqu'un d'entre eux commettant un adultère,

---

[127] Voy. Ovide, *Métam.*, VII, v. 638 et suivants.
[128] *Iliade*, I, v. 222.

un vol, ou bien osant l'un de ces crimes qui ont besoin de l'épaisseur des ténèbres, aussitôt j'appelle un nuage et je me voile, pour ne pas montrer à tous des vieillards déshonorant leur large barbe et la vertu. Malgré cela, ils continuent de me déchirer dans leurs propos et de m'accabler de toutes sortes d'outrages. C'est au point que j'ai souvent délibéré, la nuit m'en est témoin, d'émigrer le plus loin d'eux possible, afin d'échapper à leur langue indiscrète. N'oublie pas de rapporter tout cela à Jupiter, et ajoute que je ne saurais demeurer plus longtemps dans cette région, s'il n'écrase tous les physiciens, s'il ne ferme la bouche aux dialecticiens, s'il ne renverse le Portique, s'il ne foudroie l'Académie, et s'il ne met fin aux discussions des Péripatéticiens ; ce n'est qu'ainsi que je pourrai avoir la paix, sans qu'ils me mesurent tous les jours.

—Vous serez satisfaite,» lui répondis-je ; et en même temps, je m'élevai droit vers le ciel par une route

Où n'existe nul pas des hommes ni des bœufs[129].

En effet, la lune commençait à me paraître toute petite et me cachait déjà la terre. Laissant alors le soleil à droite, je volai à travers les étoiles, et au bout de trois jours j'arrivai près du ciel. Je crus d'abord que j'allais y entrer de plein vol ; je pensais qu'étant aigle à moitié, je passerais sans être reconnu ; je savais que depuis longtemps l'aigle est un familier de Jupiter ; mais je fis ensuite réflexion que je ne tarderais pas à être trahi par mon autre aile, celle du vautour. Je crus donc très raisonnable de ne pas m'exposer à ce danger, et j'allai frapper à la porte. Mercure entend, me demande mon nom, et se hâte d'aller avertir Jupiter. Quelques instants après, on m'introduit : j'entre, tout tremblant de peur, et je vois les dieux assis tous ensemble, et n'étant pas eux-mêmes sans inquiétude. Mon arrivée imprévue les avait un peu troublés, et ils s'attendaient que bientôt tous les hommes allaient arriver chez eux avec des ailes comme les miennes.

---

[129] Parodie d'Homère, *Odyssée*, X, v. 98.

Alors Jupiter, jetant sur moi un regard affreusement terrible et titanesque, me dit :

Qui donc es-tu ? Ton nom ? Ton pays ? Tes parents[130] ?

En entendant ces mots, je pense mourir de frayeur ; je reste la bouche béante et comme foudroyé par la tempête de sa voix. A la longue pourtant je me remets, je lui dis franchement tout ce qu'il en est, depuis le commencement, mon désir de connaître les choses d'en haut, mes visites aux philosophes, les propos contradictoires que j'avais entendus, mon désespoir en me sentant tiré dans tous les sens par leurs discours, l'idée qui en avait été la conséquence, mes ailes et le reste jusqu'à mon arrivée au ciel. J'ajoute à tout cela la commission dont m'avait chargé la Lune. Jupiter alors se mettant à sourire et défronçant un peu les sourcils : «Que dire maintenant, s'écrie-t-il, d'Otus et d'Ephialte[131], puisque Ménippe a eu l'audace de monter au ciel ? Mais enfin nous te donnons aujourd'hui l'hospitalité ; et demain, ajouta-t-il, après t'avoir fait connaître ce que tu viens savoir, nous te laisserons partir.» En même temps il se lève, et se dirige vers l'endroit du ciel le mieux disposé pour entendre ; car le moment était venu d'écouter les prières.

Chemin faisant, il me fit plusieurs questions sur les affaires de ce monde. D'abord, il me demanda combien le blé valait en Grèce ; si le dernier hiver avait été bien rude ; si les légumes avaient besoin d'une pluie abondante ; ensuite s'il restait quelqu'un de la famille de Phidias ; pourquoi les Athéniens avaient négligé les Diasies pendant un si grand nombre d'années ; s'ils étaient toujours dans l'intention d'achever le temple Olympien ; si l'on avait pris ceux qui ont dernièrement pillé le temple de Dodone. Après que je lui eus répondu à toutes ces questions :

---

[130] Allusion à l'*Odyssée*, I, v. 171.
[131] Otus (ou Otos) et Ephialtès sont frères et les enfants de Poséidon et d'Iphimédie. Hauts, tous les deux, de dix-sept mètres et larges de quatre, ils s'efforcèrent d'empiler l'Ossa sur l'Olympe et le Pélion sur l'Ossa, pour faire la guerre aux dieux. Dans les enfers, ils sont attachés par des serpents à une colonne où une chouette vient sans cesse les tourmenter.

«Dis-moi, Ménippe, ajouta-t-il, quelle opinion les hommes ont-ils de moi?

— L'opinion qu'ils ont de vous, maître? mais une opinion très pieuse; ils pensent que vous êtes le roi des dieux.

— Tu plaisantes, me dit-il. Je connais parfaitement leur inconstance, quoique tu n'en dises rien. Il fut un temps où je leur semblais être prophète, médecin, où j'étais tout en un mot:

Rue, agora, partout l'on voyait Jupiter[132]!

Alors Dodone et Pise étaient brillantes et célèbres; la fumée des sacrifices m'obstruait la vue. Mais depuis qu'Apollon a établi à Delphes un bureau de prophéties, qu'Esculape tient à Pergame une boutique de médecin, que la Thrace a élevé un Bendidéon, l'Égypte un Anubidéon[133], et Éphèse un Artémiséon[134], tout le monde court à ces dieux nouveaux; on convoque des assemblées solennelles; on décrète des hécatombes; quant à moi, dieu décrépit, on s'imagine m'avoir suffisamment honoré, en m'offrant, tous les cinq ans, un sacrifice à Olympie, et mes autels sont devenus plus froids que les lois de Platon ou les syllogismes de Chrysippe.»

En devisant ainsi, nous arrivons à l'endroit où Jupiter devait s'asseoir pour entendre les prières. Il y avait à la suite l'une de l'autre plusieurs trappes semblables à des orifices de puits et fermées avec un couvercle; devant chacune d'elles était placé un trône d'or. Jupiter s'assied à côté de la première, lève le couvercle et se met à écouter les voix qui le supplient. Or, elles lui arrivaient des différents points de la terre, avec une merveilleuse variété. Je me penchai moi-même du côté de la trappe et j'entendis tous ces vœux, Voici quelle en était à peu près la forme: «O Jupiter, fais-moi parvenir à la royauté! O Jupiter, fais pousser mes oignons et mes ciboules! O Jupiter, fais que mon père meure bientôt!» Ailleurs un autre disait: «Si je pouvais

---

[132] Allusion aux premiers vers des *Phénomènes* d'Aratus.
[133] Voy. *Jupiter tragique*, 8.
[134] Le fameux temple d'Éphèse, consacré à Diane-Artémis, et brûlé par Erostrate.

hériter de ma femme!» Ou bien : «Puissé-je ne pas être surpris tendant des pièges à mon frère!» Ou bien encore : «Si je pouvais gagner
mon procès! Si j'étais couronné à Olympie!» Les navigateurs demandaient, les uns le souffle de Borée, les autres celui de Notus. Le
laboureur voulait de la pluie, et le foulon du soleil. Le père des dieux
écoutait, examinait attentivement chaque prière, mais ne les exauçait
pas toutes.

Il accordait à l'un et refusait à l'autre[135].

Quand il trouvait les prières équitables, il les laissait monter jusqu'à lui par l'ouverture de la trappe, les plaçant à sa droite ; mais les
demandes injustes, il les renvoyait sans effet et soufflait dessus pour
les empêcher d'approcher du ciel. Cependant je le vis fort embarrassé à propos d'une certaine prière. Deux hommes demandaient
absolument le contraire et promettaient mêmes sacrifices. Il ne sut
auquel accorder la demande, en sorte qu'il éprouva l'incertitude des
Académiciens ; il ne se prononça ni pour ni contre, et prit, comme
Pyrrhon, le parti de s'abstenir et d'examiner.

Quand il eut suffisamment vaqué à l'audition des prières, il passa
sur le trône qui venait ensuite, près de la seconde trappe, et prêtant
l'oreille, il écouta les serments et ceux qui les faisaient. Après les
avoir entendus, il foudroya l'épicurien Hermodore, et passa sur le
trône suivant, où il s'occupa des présages, des oracles et des augu-
res. De là il se rendit à la trappe des sacrifices, par laquelle la fumée,
en montant, apportait avec elle le nom de celui qui sacrifiait. Après
s'être acquitté de ces soins, il donna des ordres aux Vents et aux
Saisons. «Aujourd'hui, de la pluie chez les Scythes ; du tonnerre chez
les Libyens ; de la neige chez les Grecs! Borée, souffle en Lydie, et
toi, Notus, demeure en repos. Que le Zéphyr soulève les flots de
l'Adriatique ; qu'environ mille médimnes[136] de grêle soient répandus
sur la Cappadoce.»

---

[135] *Iliade*, XVI, v. 250.
[136] 52000 litres. Le médimne valait deux amphores romaines soit cinquante-
deux litres.

Lorsqu'il eut à peu près tout réglé de la sorte, nous nous rendîmes à la salle du festin. C'était l'heure du souper. Mercure me prit par la main, et me fit asseoir à côté de Pan, des Corybantes, d'Attis, de Sabazius, des divinités étrangères et des demi-dieux. Cérès nous fournit le pain, Bacchus le vin, Hercule la viande, Vénus le myrte et Neptune les anchois. Je goûtai en cachette à l'ambroisie et au nectar. L'excellent Ganymède[137], toujours philanthrope, voyait-il Jupiter regarder d'un autre côté, m'en versait aussitôt une ou deux cotyles. Aucun des dieux, comme Homère le dit quelque part[138], et comme je m'en suis assuré par moi-même,

Ne mange le froment et ne boit le vin brun,

mais ils se régalent d'ambroisie et s'enivrent de nectar. Ils préfèrent cependant, pour leur nourriture, la fumée des sacrifices, l'odeur de rôti qui monte avec elle, et le sang des victimes dont les sacrificateurs arrosent les autels. Pendant le repas, Apollon joua de la cithare, Silène dansa le Cordax, et les Muses, debout, nous chantèrent une partie de la *Théogonie* d'Hésiode et la première ode des *Hymnes* de Pindare. Enfin, quand on fut las d'être à table, chacun alla se coucher en bon état, suffisamment abreuvé.

Les autres dieux dormaient durant la nuit entière[139],
Ainsi que les guerriers à panache ondoyant;
Mais le sommeil si doux avait fui ma paupière.

Et je faisais mille et mille réflexions, me demandant comment, depuis tant d'années, la barbe n'était pas encore poussée à Apollon, et comment il faisait nuit dans le ciel, le soleil y étant toujours et prenant part au festin. Cependant je finis par m'endormir un peu. Dès la pointe du jour, Jupiter fit convoquer l'assemblée.

---

[137] Jeune héros de la race royale de Dardanus. Sa beauté avait enflammé la passion de Zeus, le roi des dieux, qui l'enleva pour en faire l'échanson de l'Olympe.
[138] *Iliade*, V, v. 342.
[139] Parodie du commencement du livre II de *l'Iliade*.

Quand tout le monde fut réuni, il commença ainsi son discours : «Le motif qui m'engage à vous convoquer est l'arrivée de l'étranger que nous avons reçu hier. Je voulais toutefois, depuis longtemps, conférer avec vous au sujet de certains philosophes ; mais les plaintes de la Lune m'ont plus vite encore déterminé à ne pas différer davantage l'examen de cette affaire. Il existe une espèce d'hommes qui, depuis quelque temps, monte à la surface de la société, engeance paresseuse, querelleuse, vaniteuse, irascible, gourmande, extravagante, enflée d'orgueil, gonflée d'insolence, et, pour parler avec Homère,

De la terre inutile fardeau[140].

Ces hommes se sont formés en différents groupes ; ils ont inventé je ne sais combien de labyrinthes de paroles, et s'appellent Stoïciens, Académiciens, Épicuriens, Péripatéticiens, et autres dénominations encore plus ridicules. Alors, se drapant dans le manteau respectable de la vertu, le sourcil relevé, la barbe longue, ils s'en vont, déguisant l'infamie de leurs mœurs sous un extérieur composé, semblables à ces comparses de tragédie dont le masque et la robe dorée, une fois enlevés, laissent à nu un être misérable, un avorton chétif, qu'on loue sept drachmes[141] pour la représentation.

30. «Cependant, tels qu'ils sont, ils méprisent tous les hommes, débitent mille sornettes sur les dieux, s'entourent de jeunes gens faciles à duper, déclament, d'un ton tragique, des lieux communs sur la vertu, et enseignent l'art des raisonnements sans issue. En présence de leurs disciples, ils élèvent jusqu'aux cieux la tempérance et le courage, ravalent la richesse et le plaisir ; mais, dès qu'ils sont seuls et livrés à eux-mêmes, qui pourrait dire leur gourmandise, leur lubricité, leur avidité à lécher la crasse des oboles ? Ce qu'il y a de plus révoltant, c'est que, ne contribuant en rien au bien public ou particulier, inutiles et superflus,

---

[140] *Iliade*, XVIII, v. 104.
[141] Monnaie d'argent qui pesait 3,24 grammes.

Nuls au milieu des camps et nuls dans les conseils[142],

ils os ent, malgré cela, blâmer la conduite des autres, entassent je ne sais quels discours amers, ne songent qu'à rédiger des insolences, censurent et invectivent contre tout ce qui est autour d'eux. Chez eux, la parole est accordée au plus braillard, au plus impudent, au plus éhonté dans ses outrages.

Et pourtant, si l'on demandait à ce déclamateur, qui crie si fort en accusant les autres : «Et toi, quelle est ton occupation ? En quoi peut-on dire, au nom du ciel que tu contribues à l'utilité publique ?» Il répondrait, s'il voulait être juste et sincère : «La navigation, l'agriculture, le service militaire, ou toute autre profession me semble superflue ; mais je crie, je suis sale, je me lave à l'eau froide, je marche pieds nus en hiver, et, comme Momus, je médis de tout ce qui se fait. Si quelque riche dépense beaucoup pour sa table, s'il entretient une maîtresse, je me mêle de l'affaire et j'éclate contre lui ; mais qu'un de mes amis ou de mes camarades tombe malade et qu'il ait besoin de secours et de soins, je ne le connais pas.»

Voilà, dieux, quelles sont ces bêtes brutes !

«Quant à ceux d'entre eux qui se nomment Épicuriens, ce sont les plus insolents de tous ; ils nous attaquent sans ménagement et soutiennent que les dieux ne prennent aucun soin des affaires humaines et ne s'en occupent nullement. Voici donc le moment d'y réfléchir avec attention, attendu que, s'ils parviennent une fois à convaincre les hommes, vous serez réduits à une extrême disette. Qui voudrait, en effet, nous offrir des sacrifices, n'ayant plus rien à attendre de nous ? À l'égard des griefs de la Lune, vous les avez tous entendus hier de la bouche de cet étranger. D'après cela, prenez le parti qui vous paraîtra le plus avantageux pour les hommes et le plus sûr pour vous-mêmes.»

Dès que Jupiter eut fini, l'assemblée fit entendre un bruit confus, et tous les dieux s'écrièrent à la fois : «Foudroie, embrase, écrase ! Au Barathrum ! Au Tartare comme les Géants !» Mais Jupiter ayant de

---

[142] *Iliade*, II, v. 246.

nouveau commandé le silence : «Il sera fait comme vous le voulez, dit-il, et tous seront écrasés avec leur dialectique. Cependant il ne m'est pas permis de punir aujourd'hui ; nous sommes, vous le savez, dans la hiéroménie des quatre mois, et j'ai déjà publié la trêve. Mais l'année prochaine, au printemps, ces misérables périront misérablement frappés de la foudre terrible.»

Il dit, et remua ses sourcils d'un bleu sombre[143].

«Pour ce qui est de Ménippe, ajouta-t-il, je suis d'avis qu'on lui ôte ses ailes de peur qu'il ne revienne ici, et que Mercure le descende aujourd'hui même sur la terre.»

Cela dit, il congédia l'assemblée ; et le dieu de Cyllène, m'ayant pris par l'oreille droite, me déposa hier, vers le soir, dans le Céramique. Voilà, mon cher, tout, absolument tout ce que je rapporte du ciel. Je vais de ce pas au Poecilé, pour annoncer aux philosophes qui s'y promènent cette excellente nouvelle.

---

[143] Parodie de l'*Iliade*, I, v. 528.

ÉLOGE DE LA MOUCHE

ÉLOGE DE LA MOUCHE[144]

La mouche n'est pas le plus petit des êtres ailés, si on la compare aux moucherons, aux cousins, et à de plus légers insectes ; mais elle les surpasse en grosseur autant qu'elle le cède elle-même à l'abeille. Elle n'a pas, comme les autres habitants de l'air, le corps couvert de plumes, dont les plus longues servent à voler ; mais ses ailes, semblables à celles des sauterelles, des cigales et des abeilles, sont formées d'une membrane dont la délicatesse surpasse autant celles des autres insectes qu'une étoffe des Indes est plus légère et plus moelleuse qu'une étoffe de Grèce. Elle est fleurie de nuances comme les paons, quand on la regarde avec attention, au moment où, se déployant au soleil, elle va prendre l'essor.

Son vol n'est pas, comme celui de la chauve-souris, un battement d'ailes continu, ni un bond comme celui de la sauterelle ; elle ne fait point entendre un son strident comme la guêpe, mais elle plane avec grâce dans la région de l'air à laquelle elle peut s'élever. Elle a encore cet avantage, qu'elle ne reste pas, dans le silence, mais qu'elle chante en volant, sans produire toutefois le bruit insupportable des moucherons et des moustiques, ni le bourdonnement de l'abeille, ni le frémissement terrible et menaçant de la guêpe ; elle l'emporte sur eux en douceur autant que la flûte a des accents plus mélodieux que la trompette et les cymbales.

En ce qui regarde son corps, sa tête est jointe au cou par une attache extrêmement ténue ; elle se meut en tous sens avec facilité et ne

---

[144] Il est curieux de rapprocher ce joli badinage des observations de Réaumur, *Mem. pour l'histoire des insectes*, t. 1, VIe mémoire, p. 239 et suivantes. Cf., dans *l'Amphitheatrum* de Dornaw, l'opuscule de Scribanius, intitulé : *Muscae principatus, hoc est muscae ex continua cum principe comparatione encomium*. Voy. du reste, notre thèse latine : *De ludicris*, etc., p. 73 et suivantes, où nous avons fait des rapprochements et donné les indications bibliographiques relatives au sujet.

demeure pas fixe comme dans la sauterelle; ses yeux sont saillants, solides, et ressemblent beaucoup à de la corne; sa poitrine est bien emboîtée, et les pieds y adhèrent, sans y rester collés comme dans les guêpes. Son ventre est fortement plastronné, et ressemble à une cuirasse avec ses larges bandes et ses écailles. Elle se défend contre son ennemi, non avec son derrière, comme la guêpe et l'abeille, mais avec la bouche et la trompe, dont elle est armée comme les éléphants, et avec laquelle elle prend la nourriture, saisit les objets et s'y attache, au moyen d'un cotylédon placé à l'extrémité. Il en sort une dent avec laquelle elle pique et boit le sang. Elle boit aussi du lait, mais elle préfère le sang, et sa piqûre n'est pas très douloureuse. Elle a six pattes, mais elle ne marche que sur quatre; les deux de devant lui servent de mains. On la voit donc marcher sur quatre pieds, tenant dans ses mains quelque nourriture qu'elle élève en l'air d'une façon tout humaine, absolument comme nous.

Elle ne naît pas telle que nous la voyons; c'est d'abord un ver éclos du cadavre d'un homme ou d'un animal; bientôt il lui vient des pieds, il lui pousse des ailes, de reptile elle devient oiseau; puis, féconde à son tour, elle produit un ver destiné à être plus tard une mouche. Nourrie avec les hommes, leur commensale et leur convive, elle goûte à tous les aliments excepté l'huile: en boire, pour elle c'est la mort. Quelque rapide que soit sa destinée, car sa vie est limitée à un court intervalle, elle se plaît à la lumière et vaque à ses affaires en plein jour. La nuit, elle demeure en paix, elle ne vole ni ne chante, mais elle reste blottie et sans mouvement.

Pour prouver que son intelligence est loin d'être bornée, il me suffit de dire qu'elle sait éviter les pièges que lui tend l'araignée, sa plus cruelle ennemie. Celle-ci se place en embuscade, mais la mouche la voit, l'observe, et détourne son essor pour ne pas être prise dans les filets et ne pas tomber entre les pattes de cette bête cruelle. A l'égard de sa force et de son courage, ce n'est point à moi qu'il appartient d'en parler, c'est au plus sublime des poètes, à Homère. Ce poète, voulant faire l'éloge d'un de ses plus grands héros, au lieu de le comparer à un lion, à une panthère, ou à un sanglier, met son intrépidité et la constance de ses efforts en parallèle avec l'audace de la mouche, et il ne dit pas qu'elle a de la jactance, mais de la vaillance[145]. C'est en vain, ajoute-t-il, qu'on la repousse, elle n'abandonne pas sa proie, mais elle revient à sa morsure. Il aime tant la mouche, il se plaît si fort à la louer, qu'il n'en parle pas seulement une fois ni en quelques mots, mais qu'il en rehausse souvent la beauté de ses vers. Tantôt il en représente un essaim qui vole autour d'un vase plein de lait[146]; ailleurs, lorsqu'il nous peint Minerve détournant la flèche qui allait frapper Ménélas à un endroit mortel, comme une mère qui veille sur son enfant endormi[147], il a soin de faire entrer la mouche dans cette comparaison. Enfin, il décore les mouches de l'épithète la plus honorable, il les appelle *serrées en bataillons*[148] et donne le nom de *nations* à leurs essaims.

La mouche est tellement forte, que tout ce qu'elle mord, elle le blesse. Sa morsure ne pénètre pas seulement la peau de l'homme, mais celle du cheval et du bœuf. Elle tourmente l'éléphant, en s'insinuant dans ses rides, et le blesse avec sa trompe autant que sa grosseur le lui permet. Dans ses amours et son hymen, elle jouit de la plus entière liberté : le mâle, comme le coq, ne descend pas aussitôt qu'il est monté ; mais il demeure longtemps à cheval sur sa femelle qui porte son époux sur son dos et vole avec lui, sans que rien trouble leur union aérienne. Quand on lui coupe la tête, le reste de son corps vit et respire longtemps encore.

Mais le don le plus précieux que lui ait fait la nature, c'est celui dont je vais parler : et il me semble que Platon a observé ce fait dans son livre sur l'immortalité de l'âme, Lorsque la mouche est morte, si on jette sur elle un peu de cendre, elle ressuscite à l'instant, reçoit une nouvelle naissance et recommence une seconde vie[149]. Aussi tout le monde doit-il être convaincu que l'âme des mouches est immortelle, et que, si elle s'éloigne de son corps pour quelques instants, elle y revient bientôt après, le reconnaît, le ranime et lui fait prendre

---

[145] *Iliade*, XVI, v. 670.
[146] *Iliade*, II, v. 460 et suivants.
[147] *Iliade*, IV, v. 130.
[148] *Iliade*, II, v. 469.
[149] Voy. Élien, *Des animaux.* II. XXIX.

sa volée. Enfin elle rend vraisemblable la fable d'Hermotimus de Clazomène, qui disait que souvent son âme le quittait, et voyageait seule, qu'ensuite elle revenait, rentrait dans son corps, et ressuscitait Hermotimus[150].

La mouche, cependant, est paresseuse ; elle recueille le fruit du travail des autres, et trouve partout une table abondante, C'est pour elle qu'on trait les chèvres ; que l'abeille, aussi bien que pour les hommes, déploie son industrie ; que les cuisiniers assaisonnent leurs mets, dont elle goûte avant les rois sur la table desquels elle se promène, vivant comme eux et partageant tous leurs plaisirs[151].

Elle ne place point son nid et sa ponte dans un lieu particulier, mais, errante en son vol, à l'exemple des Scythes[152], partout où la nuit la surprend, elle établit sa demeure et son gîte. Elle n'agit point, comme je l'ai déjà dit, pendant les ténèbres : elle ne veut pas dérober la vue de ses actions et ne croit pas devoir faire alors ce qu'elle rougirait de faire en plein jour.

La Fable nous apprend que la mouche était autrefois une femme d'une beauté ravissante, mais un peu bavarde, d'ailleurs musicienne et amateur de chant[153]. Elle devint rivale de la Lune dans ses amours avec Endymion. Comme elle se plaisait à réveiller ce beau dormeur, en chantant sans cesse à ses oreilles et lui contant mille sornettes, Endymion se fâcha, et la Lune irritée la métamorphosa en mouche. De là vient qu'elle ne veut laisser dormir personne, et le souvenir de son Endymion lui fait rechercher de préférence les jolis garçons qui ont la peau tendre. Sa morsure, le goût qu'elle a pour le sang, ne sont donc pas une marque de cruauté, c'est un signe d'amour et de philanthropie : elle jouit comme elle peut et cueille une fleur de beauté.

Il y eut chez les anciens une femme qui portait le nom de Mouche : elle excellait dans la poésie, aussi belle que sage. Une autre Mouche

---

[150] Cf. Pline, *Hist. nat.*,VII, LII.
[151] Voy. la fable de La Fontaine : *la Mouche et la Fourmi*.
[152] Cf. Horace, *Odes*, XXIV du livre III.
[153] Elle s'appelait, en effet, Myia, c'est-à-dire la mouche.

fut une des plus illustres courtisanes d'Athènes. C'est d'elle que le poète comique a dit[154] :

La Mouche l'a piqué jusques au fond du cœur.

Ainsi, la muse de la comédie n'a pas dédaigné d'employer ce nom et de le produire sur la scène ; nos pères ne se sont point fait un scrupule d'appeler ainsi leurs filles. Mais la tragédie elle-même parle de la mouche avec le plus grand éloge, quand elle dit[155] :

Quoi ! la mouche peut bien, d'un courage invincible
Fondre sur les mortels, pour s'enivrer de sang,
Et des soldats ont peur du fer étincelant !

J'aurais encore beaucoup de choses à dire de la Mouche, fille de Pythagore, si son histoire n'était connue de tout le monde.

Il y a une espèce particulière de grandes mouches, qu'on appelle communément mouches militaires ou chiens : elles font entendre un bourdonnement très prononcé ; leur vol est rapide ; elles jouissent d'une très longue vie et passent l'hiver sans prendre de nourriture, cachées surtout dans les lambris. Ce qu'il y a de plus extraordinaire chez elles, c'est qu'elles remplissent à tour de rôle les fonctions de mâles et de femelles, couvrant après avoir été couvertes, et réunissant, comme le fils de Mercure et d'Aphrodite, un double sexe et une double beauté. Je pourrais ajouter encore bien des traits à cet éloge ; mais je m'arrête, de peur de paraître vouloir, comme dit le proverbe, faire d'une mouche un éléphant.

---

[154] On suppose que c'est Aristophane.
[155] Dusoul est disposé à attribuer ces vers à Euripide.

Table des matières

L'HISTOIRE VÉRITABLE

ICAROMÉNIPPE
OU LE VOYAGE AU-DESSUS DES NUAGES

ÉLOGE DE LA MOUCHE